신기한 로봇의 세계

26

학생과학문고 편찬회

한국독서지도회

책머리에

오늘날 우리는 온갖 문명의 편리를 누리며 살고 있습니다. 버튼만 누르면 지구의 반대편 사람과도 얼굴을 보고 이야기하고, 인공 위성을 타고 우주 여행을 하고, 복제 양을 만들어 내는 등 예전에는 상상도 못했던 일들이 일어나고 있습니다. 이러한 모든 일들은 과학의 힘으로 이루어지고 있습니다.

과학의 발달은 곧 인류 문명 발달의 역사라 할 수 있습니다. 과학의 발전 없이는 국가의 발전을 기대할 수 없습니다. 오늘날 세계의 강대국이라고 자타가 인정하는 나라들은 모두 과학 발전에 엄청난 힘을 기울이고 있습니다. 왜냐 하면, 과학 기술의 발달은 국가 안보와 경제 발전, 그리고 국민 복지 향상의 척도이기 때문입니다.

제2차 세계 대전 후 선진 공업 국가들은 막대한 연구비를 투자해 가며 과학 기술의 우위를 차지하려고 노력해 왔습니다. 그 결과 오늘날에는 반도체를 중심으로 한 전자 공업, 컴퓨터를 중심으로 한 정보 산업, 생명 공학 등의 첨단 과학 기술은 선진국과 후진국을 판가름하는 기준이 되기에 이르렀습니다.

그런데 이러한 과학 기술의 발전은 단시일 내에 이루어지는 것이 아닙니다. 과학자들의 꾸준한 연구와 인재 양성, 그리고 과학 기술 전반에 걸친 국민적 관심이 있어야만 가능합니다.

특히, 자라나는 2세들을 위한 과학 교육은 어려서부터 자연과 접촉하며 호기심과 흥미를 갖는 데서부터 시작됩니다. 이러한 호기심이 문제를 해결하고 보다 큰 창의력으로 발전해갈 때 이것은 곧 미래에 훌륭한 과학 기술을 연구, 발전시키는 밑거름이 되는 것입니다.

이 책은 학생들이 과학 공부를 하는 데 더없이 좋은 학습 참고서가 될 것이며, 과학 기술에 대한 흥미와 관심을 갖는 데 많은 도움을 줄 것입니다. 또한, 과학에 대한 올바른 지식과 합리적이고 논리적인 사고력을 길러, 창의력을 갖춘 미래의 훌륭한 과학자로서의 자질을 갖출 수 있도록 노력했습니다.

부디 이 책을 통해 미래의 훌륭한 과학자들이 많이 배출되기를 기원해 마지않습니다.

편집자 씀

공상에서 태어나다

● 신화에서 탄생된 에스 에프(SF) · 12
청동 인간 탈로스 · 12
거인 고렘 · 15
프랑켄슈타인 · 16

● 로봇이란 무엇인가 · 19
로섬의 인조 인간 · 19

● 로봇의 선언 · 20
로봇공학 3원칙 · 20
로봇의 미래 · 25

● 자동 인형 · 28
공상에서 현실로 · 28
톱니바퀴의 이용 · 28
헤론의 자동 인형 · 30
움직이는 오리와 톱니바퀴 인형 · 31

컴퓨터의 등장

● 발명의 과정 · 34
빠뜨릴 수 없는 인공 지능 · 34
에니악의 탄생 · 35
제2세대 컴퓨터 · 38
프로그램 내장 방식 · 39
제3세대 컴퓨터 · 40
제4세대 컴퓨터 · 40
제5세대 컴퓨터 · 41

● 컴퓨터의 구조 · 43
다섯 개의 장치 · 43
기본적인 능력 · 44
기억 장치 · 46

● 로봇과 컴퓨터 · 49
생각하는 로봇 · 49
필요한 소형화와 성능의 개량 · 52

차례

로봇이란 무엇인가
● 자동 기계에서 로봇으로 · 54
미래의 지도 · 54
자동 기계 · 55
● 로봇의 정의 · 58
오 에스 에프(OSF) · 58
일정한 정의는 없다 · 60

공장에서 일하는 로봇
● 공업용 로봇 · 64
공업용 로봇의 종류 · 64
● 인간에게 없는 장점 · 65
단순한 반복 작업 · 65
위험한 작업에 · 66
● 로봇은 오토메이션의 중심 역할자 · 68
산업 혁명 · 68
오토메이션 방식 · 70
● 공업용 로봇의 실용화 · 72
로봇은 심부름꾼 · 72
자동차 공장에서 · 73
로봇과 근로자 · 76
● 완전한 무인 공장 · 78
무인 공장의 모습 · 78
무인 공장의 실현 · 80
로봇은 근로자의 적인가 · 81

여러 종류의 로봇
● 스스로 판단하는 로봇 · 84
환자 로봇 · 84
항법 로봇 · 86

- ● **리모컨 로봇** · 88
    - 도장 로봇 · 88
    - 소화 로봇 · 89

우주와 해양에 진출하는 로봇

- ● **우주에서의 활약** · 92
    - 불사신의 로봇 · 92
    - 루노호트 달 표면을 달리다 · 94
    - 조종은 아직 지구에서 · 96
    - 인간을 달 세계로 · 98
    - 달의 연구소 · 100
    - 행성에의 사자 · 103

- ● **'푸른 대륙' 바다로 진출** · 108
    - 풍부한 바다의 자원 · 108
    - 인간을 저지하는 거대한 압력 · 110
    - 수소 폭탄 회수 작전 · 111
    - 해저 유전의 작업에 · 112

발전하는 로봇 연구

- ● **세계의 로봇 연구** · 114
    - 미국의 지능 로봇 · 114
    - 로봇 국제 회의 · 117
    - 3단계로 발전한다 · 118

로봇과 인간 사회

- ● **로봇 선언** · 122
    - '로봇선언' · 122
    - 인류와 로봇의 평화 공존 · 125
    - 로봇의 진출 · 127

부록1 인터넷 세상 · 129

부록2 인터넷 사용하기 · 135

공상에서 태어나다

신화에서 탄생된 에스 에프 (SF)

● 청동 인간 탈로스

인간은 언제부터 인조인간이란 것을 생각했을까? 옛날 사람들이 남긴 책이나, 전해지는 전설이나 신화를 조사해 보면 지금으로부터 약 2,000년 이상 전의 그리스 시대에 벌써 인조 인간에 대한 여러 가지 생각이 상상되고 있었다는 것을 알 수 있다.

옛날 사람들이 생각한 인조 인간 가운데서 가장 오래된 것은 기원전 3세기 무렵에 만들어진 그리스 신화에 등장하는 '탈로스'일 것이다. 그 신화에 나오는 대단히 유명한 발명가, 다이달로스라고 하는 사람이 크레타 섬의 미노스 왕을 위하여 만든 인조 인간이 바로 탈로스이다. 탈로스는 크레타 섬의 해안을 하루에 3차례씩 돌며, 이웃 나라 사람들이 몰래 이 섬에 상륙하는 것을 막았다.

몸통은 청동이라 하는 동과 주석을 섞어서 만든 금속으로 되어 있었고 엄청난 거인이었다. 물론 화살이나 칼에도 꼼짝도 하지 않았다.

커다란 바위를 던져 배를 침몰시키고, 청동의 몸통을 벌겋게 달구어 가지고, 그것으로 가까이 다가오는 적병을 무찔렀다. 탈로스는 대단한 괴력을 가진 인조 인간이었다.

그리스 왕이 나라를 지키기 위하여 필요한 병사라 하는 것은 이와 같이 강한 무적의 인조 인간이었을 것이다. 그러한 간절한 소원이 탈로스 신화를 만들어 냈으리라 생각된다.

여기에서 흥미로운 것은 청동 인간 탈로스에게도 약점이 있었다는 사실이다. 탈로스의 몸에는 목에서부터 몸통을 통하여 발뒤꿈치까지 한 줄기의 혈관이 통하고 있고, 모든 힘은 그곳에 저장되어 있었다.

발뒤꿈치의 혈관 끝에는 청동으로 된 마개가 있어, 이것이 빠지게 되면 혈액이 그곳으로부터 흘러나가 생명력을 잃게 되어 쓰러져 버린다.

이 신화의 줄거리는 다음과 같다.

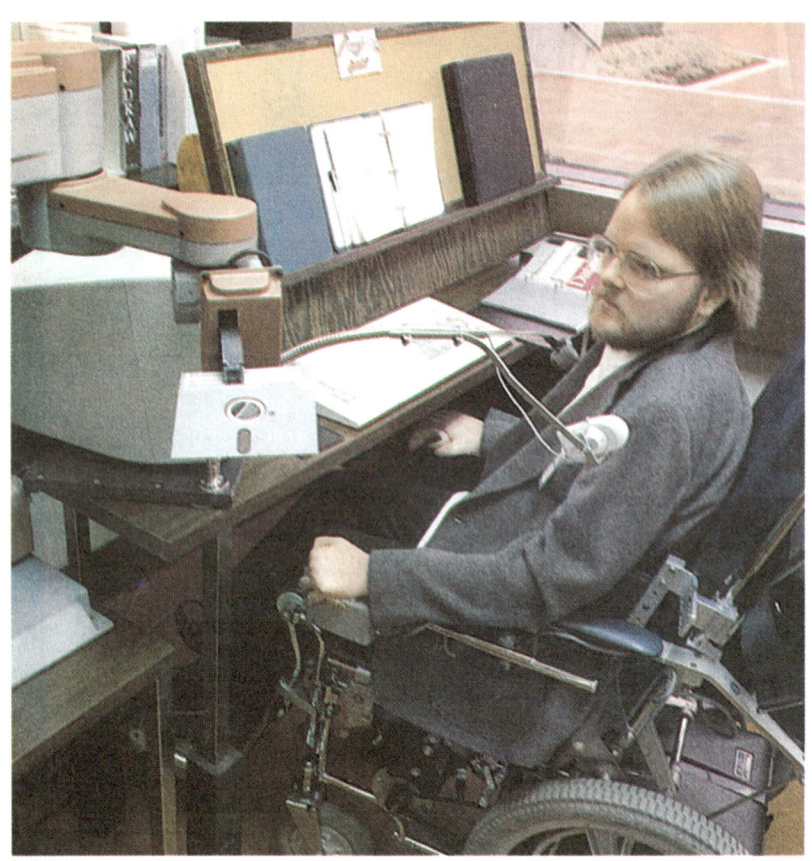

🔴 RTX로봇은 산업체나 실험실에서 쓰일 뿐만 아니라 장애자를 돕기도 한다. 이 로봇이 휠체어를 탄 사람들이 일하는 미국의 한 사무실에서 쓰이고 있다.

어느 날 크레타 섬에 아르고 호라고 하는 배가 다가왔다. 아르고 호에는 마술을 쓰는 여자 메디아와 탐험대가 타고 있었다. 메디아는 탈로스가 영원한 생명을 탐내고 있는 것을 알고, '영원한 생명을 주마.' 하며 탈로스를 속였다.

속임을 당하고 있는 줄도 모르는 탈로스는 자기 스스로 발 뒤꿈치의 마개를 빼어 버렸기 때문에 곧 생명력을 잃고 죽어 버렸다.

● **거인 고렘**

탈로스와 함께 옛날부터 전해져 오는 인조 인간에 '고렘'이 있다.

고렘은 중세의 유태인의 전설에 나오는 거인이다. 유태교의 사원에 놓여져 있던 흙으로 빚은 큰 인형이었는데, 유태교를 믿는 사람들이 유태교를 반대하는 귀족들에게 시달림을 받게 되거나 하면 생명이 불어 넣어져 움직이기 시작하여 큰 활약을 했다.

나쁜 귀족을 죽이고, 시달림을 당하고 있는 유태교 신자들을 도와 주었다고 전해지고 있다.

이 전설에서 힌트를 얻은 독일의 작가 구스타프 메링은 '거인 고렘'이라는 소설을 1913년에 썼다. 이 소설 가운데서 고렘은 자신이 가지고 있는 괴력을 휘둘러, 귀족이 살고 있는 성을 박살을 내는 등 엄청난 짓을 한다.

그러나 고렘은 결국에는 본래의 진흙으로 되돌아간다는 이야기이다. 유태교의 신자들을 도와 준 뒤에, 신자의 한 사람이 '진흙이면 진흙으로 돌아가라.'고 주문을 외자, 고렘은 곧바로

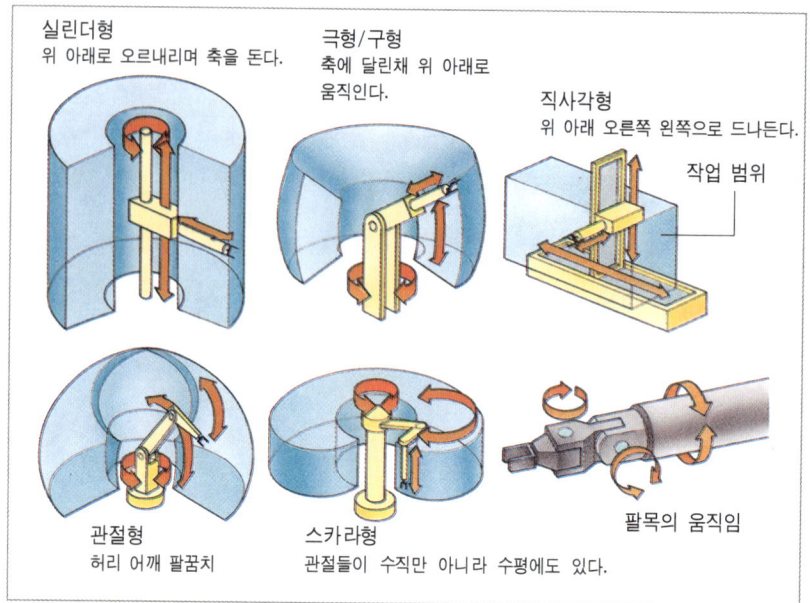

● 로봇의 여러 가지 움직임

 쓰러져서 진흙이 되어 버린다. 고렘은, 자기를 만들어 준 주인에게 충절을 다한 인조 인간이었다.
 이와 같이 중세까지의 신화나 전설에 등장하는 인조 인간은 인간이 미치지 못하는 훨씬 초인간적인 힘을 가지고 있었다. 탈로스나 고렘에 있어서도 신의 기적을 바라고 있는 옛날 사람들의 소박하고 간절한 소원을 잘 나타내고 있다.
 과학이나 기술과는 아무런 관계가 없는 인간의 공상이 만들어낸 것이었다.

● **프랑켄슈타인**

 신화와 전설에 이어서 인조 인간이 등장하는 것은 에스 에프(SF : 공상과학소설)의 세계이다. 소설 속에는 여러 가지 인조 인간이 에스 에프 작가에 의해 만들어지고 있다.
 인조 인간이 처음으로 등장한 에스 에프는 19세기의 영국 여류 작가 셸리 부인이 1817년에 쓴 명작 '프랑켄슈타인'이다.
 G. 바이런, P. 셸리와 함께 제네바에 체재하던 중 초현실적인 공포와 괴기로 당시 유행한 고딕소설을 경쟁하여 창작하자는 제안에 따라 쓰게 된 작품이다. 이 소설 속에서 독일의 젊은 생리학자, 프랑켄슈타인 박사는 대단한 고심 끝에 죽은 자의 뼈로 신장 8피트(244센티미터)의 생명을 가진 한 사람의 인조 인간을 만들어 내는 데 성공한다.

그러나 이 인조 인간은 얼굴이 흉측한 괴인이었다.

그 때문에 이 괴인은 자기를 만들어 낸 인간을 미워하고 생명의 은인인 프랑켄슈타인 박사를 죽이고, 자기도 얼음 뗏목을 타고 북양의 어둠 속으로 사라져 버린다는 이야기이다.

백랍같이 창백한 얼굴, 핏발이 선 눈, 보기만 해도 몸서리쳐지는 괴인(보통 이 괴인을 프랑켄슈타인이라고 부르고 있다)을 텔레비전, 영화, 만화에서 보고 잘 알고 있는 사람도 많을 것이다.

프랑켄슈타인이라는 괴인은 과학이 만들어 낸 것으로 알려져 있다. 생명의 비밀을 밝혀 낸 젊은 생리학자는 인간이나 동물의 시체를 재료로 하여 전기를 써서 그것에 새로운 생명을 불어넣는 데 성공했다. 이것이야말로 인간이 만들어 낸 인간, 즉 인조 인간이라 할 수 있다.

🔴 이 궤도 활동 차량은 우주 왕복선이 직접 미치지 못하는 궤도에 인공위성을 갖다 놓거나 그것을 회수하는 일을 한다.

로봇이란 무엇인가

● **로섬의 인조 인간**

신화나 전설의 세계에는 물론, 19세기까지의 소설이나 에스에프에도 '로봇'이라는 말은 아직 나타나지 않았다.

지금 생각해 보면 탈로스, 고렘, 프랑켄슈타인 등의 인조 인간은 모두 로봇이라 해도 이상할 것은 없다. 그러나 로봇이라는 단어가 사용된 것은 20세기가 되어서부터이다.

로봇이란 말을 만들어낸 사람은 체코슬로바키아의 차페크란 작가이다.

1920년에 '로섬의 인조 인간(RUR)'이란 희곡을 썼는데, 여기에서 처음으로 로봇이란 말을 썼다.

체코슬로바키아에는 노예를 의미하는 로봇파라고 하는 말과 노동자를 나타내는 로봇 니크스란 말이 있다. 차페크는 이러한 말을 바탕으로 하여 '인간의 손으로 만든 노동자'란 의미로 로봇이란 말을 만들었던 것이다.

후에 로봇이란 말은 '인간을 대신하여 일하는 기계'를 의미하는 말로서 세계에 퍼진 것이다.

차페크가 쓴 '로섬의 인조 인간'이라는 희곡은 대단히 재미가 있어 세계의 여러 극장에서 상연되어 화제를 일으켰다. 이리하여 많은 사람들의 관심을 끌게 되었다.

로봇의 선언

● 로봇 공학 3원칙

'로섬의 인조 인간'이란 희곡에 그려져 있는 것과 같이 인간이 만들어 낸 물건이 인간에게 해를 주게 되어서는 곤란하다. 그래서 에스 에프에 나오는 로봇의 성격을 똑똑히 정한 사람이 있다. 미국의 에스 에프 작가 아이작 아시모프가 바로 그 사람이다.

아시모프는 1920년에 러시아의 페트로비치라는 곳에서 태어났으나, 미국에 건너와 컬럼비아 대학에서 수학한 뒤에 화학자가 되었다. 산소의 화학을 연구하여 박사가 되었으나, 화학자로서보다 과학을 쉽게 해설하는 책을 많이 써서 유명해졌다.

아시모프는 1942년에 '제자리 돌기' 저서 속에서 로봇의 행동 규범이라 할 수 있는 로봇공학, 이것은 로봇을 주제로 한 짧은 이야기를 9개로 정리한 것인데, 그 가운데서 로봇의 성격을 결정한 유명한 '로봇 공학 3원칙'을 쓰고 있다. 그 3원칙은 다음과 같다.

제1조, 로봇은 인간에게 해를 가해서는 안된다. 또 인간의 위험을 간과해 버림으로써 인간에게 해가 미치게 해서는 안 된다.

제2조, 로봇은 인간의 명령에 따르지 않으면 안 된다. 그러나 그 명령이 제1조에 어긋날 때에는 따르지 않아도 좋다.

제3조, 로봇은 제1조와 제2조에 위배되는 염려가 없는 한 자기를 지키지 않으면 안 된다.

🔸 비디오 로봇— 얼굴에 있는 카메라로 찍은 것을 가슴의 화면으로 보여준다.

이 '로봇 공학 3원칙'을 알기 쉽게 설명해 보자.

제1조 로봇이 인간에 대하여 반란을 일으켜서는 안 된다는 것을 규정하고 있다. 또 인간의 위험을 보고 그냥 보아 넘겨서도 안 되기 때문에 그런 때에는 인간을 돕지 않으면 안 된다. 즉 로봇은 인간편이어야 하고 적이어서는 안 된다.

제2조에서는 인간에 의하여 만들어진 로봇은, 그 인간의 명령에 복종하지 않으면 안 된다는 것을 규정하고 있다. 로봇이 명령에 따르지 않게 되면 위험하다.

예를 들어 인간에게 해를 가하지 않아도, 명령에 따르지 않는 로봇은 쓸모가 없을 것이다.

그러나 그 명령이 '누구누구를 죽여라'와 같은 것이면 따르지 않아도 좋다. 그렇지 않으면 살인 청부업자, 또는 전쟁의

🔺 위험한 작업을 할 때는 사람은 안전한 곳에서 로봇을 조절한다.

무기로 쓰여질지도 모른다.

 제3조는 로봇이 자기의 생명을 지킬 권리를 인정하고 있다. 이것에 의하여 로봇은 자신에게 닥쳐오는 위험을 피할 수 있다. 아시모프가 만든 이 3원칙은, 인간 사회 가운데서 인간과 함께 일할 수 있는 로봇의 모습을 이것으로 분명하게 나타내고 있다.

 아시모프가 쓴 에스 에프에 나오는 로봇들은 모두 그런 성격을 가지고 있다. 장래에 실제로 우리들의 일상 생활 속에 등장할 로봇에 대해서도, 이러한 성격은 꼭 필요하게 될 것은 틀림없다. 이처럼 문학 작품에 등장하는 로봇이 인간에게 가까워지면서 인간성의 본질을 로봇을 통해서 묻는 작품이 나타나기 시작했다.

🔺 컴퓨터에 입력된 명령에 따라 도형을 그리는 로봇

🔺 우주에서 우주선 수리에 활용되는 로봇팔

● 로봇의 미래

그런데 막상 '나는 로봇입니다'라는 책 속에서 아시모프는 어떠한 로봇을 공상하고 있는가. 이것은 로봇의 미래를 생각하는 데 중요한 참고가 된다.

예를 들면, 어린 아이의 놀이 친구에 금으로 만든 장난감에 '로비'라고 부르는 로봇이 있다. 로비의 주인은 글로리아라는 이름의 소녀로서, 어떤 때에 로비는 글로리아의 생명을 위험에서 구해 내는 데 큰 공을 세웠다. 로비와 글로리아의 사이에는 우정이 싹텄다. 아시모프는 이 일을 1998년에 일어난 일이라 했다.

아시모프에 의하면 로봇은 그 이후에도 진보를 계속하여, 서기 2002년에는 말을 하는 일도 가능한 로봇이 완성된다. 이 때문에 말을 할 수 없는 로봇은 완전히 시대에 뒤떨어진 것이 되어 버린다. 또 말을 하는 로봇이 너무나 일을 잘하기 때문에 인간이 하는 일이 없어져 버린다.

이래서는 안 되겠다고 각국의 정부는 2003년부터 2007년에 걸쳐서 연구 이외에는 로봇을 지구상에서 쓰는 것을 함께 금지해 버렸다. 이 때문에 로봇을 만드는 회사는 대단한 불경기에 휩쓸리게 된다.

그로부터 다시 8년 뒤인 2015년에는 태양에 가장 가까운 행성, 수성을 향해 새로운 로봇을 데리고 탐험대가 지구에서 출발한다. 수성에 착륙한 탐험대는 '세렌'이라고 하는 금속을 채취해 오도록 '스피디'라는 이름의 로봇에게 명령했다. 그런데 스피디는 나가버린 채로 돌아오지 않았다.

조사해 보니 유독한 일산화탄소에 중독되어 인공 두뇌가 돌아버려 술에 취한 사람처럼 방황하고 있었다. 그렇기 때문에 돌아오라는 명령을 해도 말하는 것을 듣지 못하는 것이다.

그래서 최후의 수단으로 탐험대원 중의 한 사람이 일부러 자기 몸을 위험에 빠뜨렸다. 뜨거운 사막에서 강렬한 태양 광선에 타죽기 직전에 스피디는 인간을 구해 주지 않으면 안 된다는 로봇의 의무(제1조)를 생각해 내고 탐험대에게 되돌아온다는 이야기이다.

아시모프는 다시 우주 스테이션 안에서 쓰이고 있는 최신형 로봇이 인간보다 뛰어난 능력을 가지게 되는 이야기를 쓰고 있다. 이 로봇은 인간이 자기를 만들었다는 것을 생각하지 않고 인간보다도 훌륭한 신이 있다고 생각하게 되어 버린다.

◐ 인공 위성에 탑재한 컴퓨터는 방사선에 대한 세기도 요구된다― 매우 악조건에서도 움직이는 특수 컴퓨터 시설로 되어 있다.

◐ 스페이스 셔틀에 탑재된 컴퓨터― 오른쪽부터 표시 장치, 건반 장치, 표시 전자 장치이다.

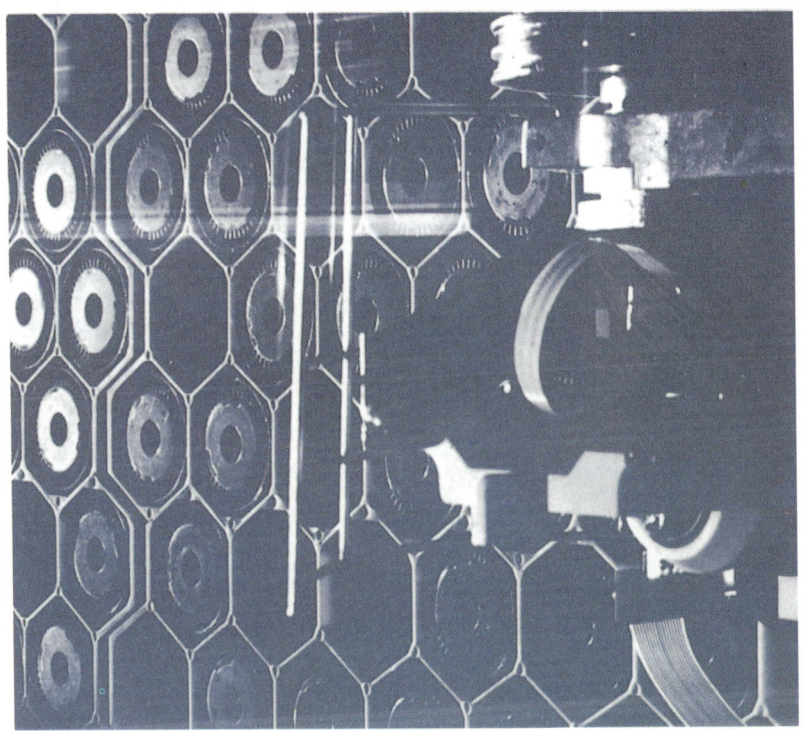

🔸 **초대형 기억 장치**—로봇은 인간의 두뇌에 해당되는 부분은 최첨단 컴퓨터가 담당한다.

그리고 최후에 아시모프는 소설의 등장 인물에 다음과 같은 말을 시키고 있다.

'인류의 행복이란 것에는 도대체 무엇이 필요한가. 우리들은 모른다. 우리들의 과학 기술의 문명은 불행이라든가, 고민이라고 하는 것을 제거하기는커녕 점점 불어나게 하고 있다. 아마도 더욱 문명의 정도가 낮고, 인구가 적은 전원 생활이 좋을 것이다. 그것은 컴퓨터만이 알고 있다. 그들(컴퓨터)은 우리들을 그곳으로 인도할 것이다.'

거기에는 인류가 자기의 운명까지도 컴퓨터 로봇에게 맡기는 미래가 그려져 있다.

자동 인형

● 공상에서 현실로

인간은 공상을 언제인가 실현해 보고자 노력한다. 로봇에 대해서도 그 공상을 현실적인 것으로 실현시켜 보고자 하는 사람들이 나타났다.

물론 기술이 지금처럼 발달되지 않은 옛날에는 로봇이라 해도 장난감이나 놀이 기구와 같은 것에 지나지 않았다.

서양에서는 오토마타(자동 인형)라 부르는 것이 그것이다. 그러나 유치하기는 해도 당시로서는 대단히 정밀한 자동 기계로서 그것이 현재의 로봇 연구의 출발이라 할 수 있다.

자동 기계를 움직이는 동력으로서 처음에는 수력이 쓰여졌다. 또 도르래나 롤러에 연결시킨 추의 작용으로 여러 가지 동작을 할 수 있는 구조로 되어 있었다.

예를 들면 6세기 무렵, 이스라엘의 팔레스타인의 거리에서 요지경 시계가 만들어졌다고 전해지고 있는데, 그것은 수력을 이용하는 구조로 되어 있었다. 또 13세기의 아라비아의 과학자도 물시계를 만든 사실이 알려져 있다.

● 톱니바퀴의 이용

그 가운데서 기계 시계가 만들어지게 되었다. 기계 구조의 시계가 언제, 어디서, 누구에 의하여 발명되었는지는 모른다. 확실한 것은 1335년에 이탈리아의 밀라노의 비스콘티 궁전의 예배당의 탑에 기계 시계가 만들어졌던 일이다.

그로부터 35년 가량 사이에 30개 이상의 기계 시계가 만들어졌다고 하니 발명된 것은 아마도 이 무렵일 것이 틀림없다.

기계 시계에는 크고 작은 여러 가지 금속제의 톱니 바퀴가 몇 개 붙어서 끈으로 내려 드리운 추의 힘으로 돌아가는 구조에 의하여 일정한 시간을 구분할 수 있게 되어 있었다. 그 무렵 사람들은, 시계를 만듦으로써 톱니 바퀴를 이용하는 방법을 배웠다. 이것이 그 후의 여러 가지 기계의 발명과 진보의 바탕이 되었다.

🔺 장크트 페터 교회의 시계탑—1분에 45센치씩 움직이는 이 시계는 유럽 최대이다.

● 헤론의 자동 인형

유럽의 자동 인형이란 어떠한 자동 인형인가.

자동 인형을 생각한 최초의 사람은, 지금부터 2,000년 전의 그리스의 헤론이라는 사람으로 알려져 있다.

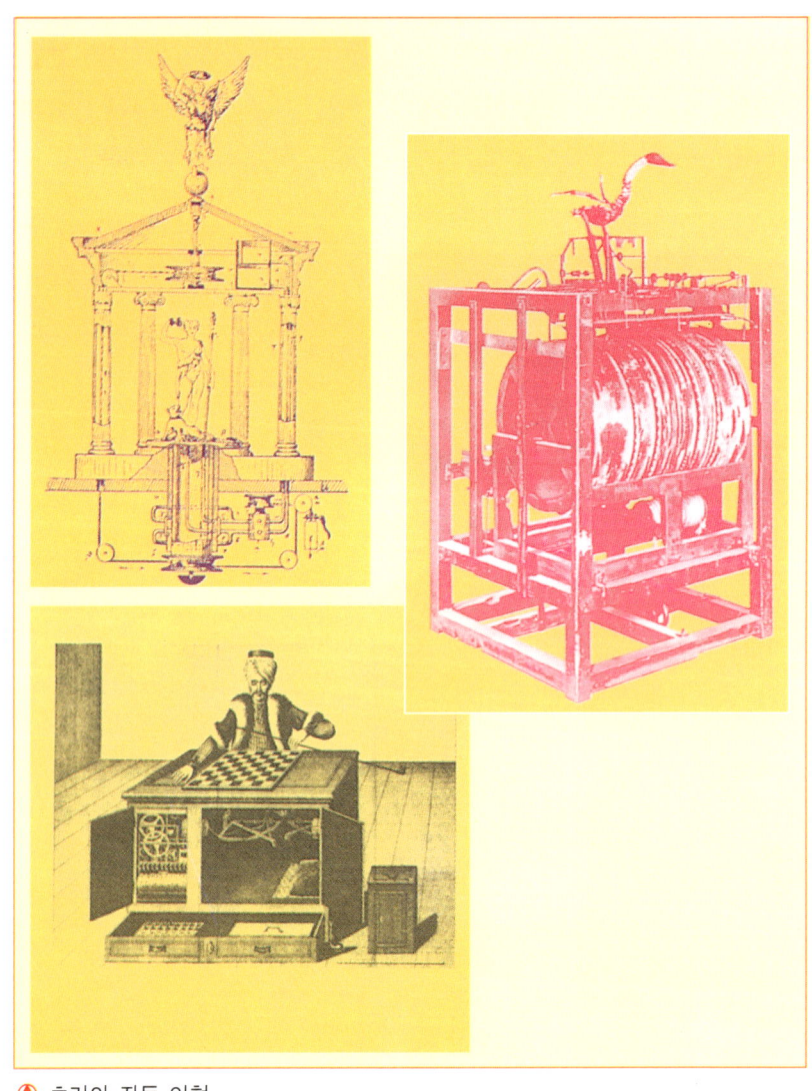

🔺 초기의 자동 인형

헤론은 아르키메데스나 유클리드라고 하는 당시의 수학이나 역학의 학자들에게 배우고 그 지식을 써서 여러 가지 훌륭한 기계를 생각해 내고, 자동 인형에게 연극을 연기하게 했다고 한다. 이 연극은 모든 것을 자동 기계가 해냈다. 그것은 추, 도르래, 차바퀴 등으로 되어 있었다.

헤론은 이 밖에도 여러 가지 기계를 고안하였는데, 그 가운데는 자동 창문, 성수 자동 판매기, 자동 오르간 등 지금 쓰이고 있는 것과 같은 착상의 것이 있다.

인간은 이 헤론의 시대에서부터 완전한 자동 기계를 만들 꿈에 사로잡혀 있었다고 해도 좋겠다.

헤론의 착상은 그 뒤에 아라비아나 페르시아의 과학자들에게 이어졌다. 그리고 르네상스 시대에는 유럽의 시계를 만드는 기술과 연결되어 자동 기계, 자동 인형을 만들어 내어 그것이 오늘날에는 로봇에 이어져 있는 것이다.

● 움직이는 오리와 톱니바퀴 인형

16세기 말에 독일의 크리스토파 레슬러라는 사람이 자동 인형을 만들었다고 한다. 그러나 유럽에서 자동 기계, 자동 인형의 만들기가 성하게 된 것은 18세기의 중엽 무렵부터이다.

그 당시의 유명한 사람에, 프랑스의 기계 기사, 보캉송(1709~1782)이 있다. 어렸을 때부터 발명이 특기였던 보캉송은 진짜와 똑같은 동물을 기계로서 만들어 보이고자 생각했다.

1735년에 파리에서 역학을 공부하였으며, 극장용의 각종 자동 악기와 자동 인형을 만들었다. 그리고 1738년에, 톱니바퀴로 움직이는 오리를 만들었다.

이 오리는 '물을 마시고, 곡물을 쪼아 먹고, 객객 울며, 물을 차고 헤엄치며, 먹은 것을 소화하고, 배설하며, 살아 있는 동물 그대로였다.'고까지 당시의 백과 사전은 쓰고 있을 정도였다. 그 소문은 유럽에 퍼졌다.

보캉송은 이 외에도 '피리부는 사나이'나 '북치는 사람' 등 여러 가지를 만들었다. 그 후 보캉송은 비단 공장의 감독으로 임명되어 각종 직기의 개량에 종사하였다.

자동 인형으로서는 1773년 무렵에 스위스의 시계 기사 자케 드로스 부자가 만든 것이 잘 알려져 있다. 키가 1미터 가량 되는 귀여운 소년으로서 오른손에 펜을 가지고 글씨를 쓸 수 있다.

태엽(15세기에 발명됨)과 톱니 바퀴로 움직이는 정교한 것으로 지금도 스위스의 바젤 가까이에 있는 역사 박물관에 전시되어 있다. 이것을 본 당시의 유럽 사람들은 참으로 놀랐다.

2

컴퓨터의 등장

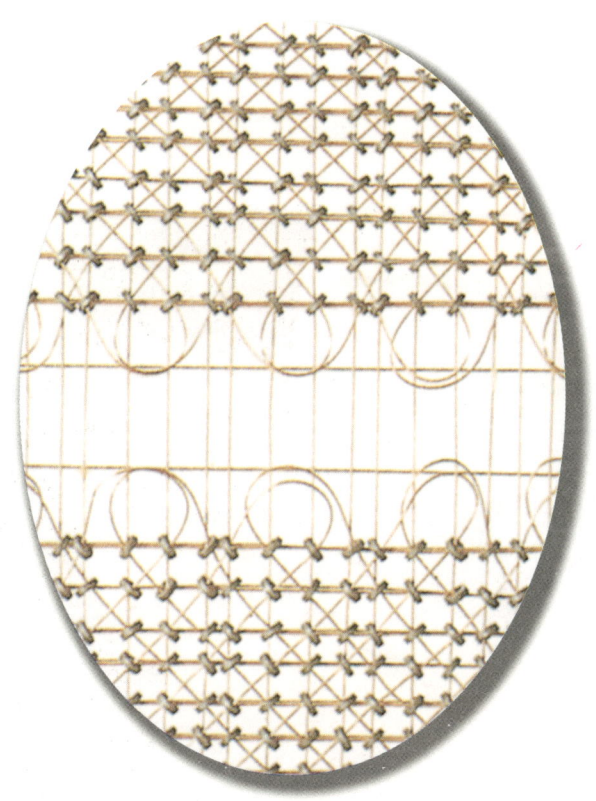

발명의 과정

● 빠뜨릴 수 없는 인공 지능

신화나 에스 에프(SF), 만화, 장난감 세계의 것이었던 로봇이 이 몇 년 사이에 과학 기술의 세계에 정정 당당하게 등장하여 실제로 만들어지게 되었다.

이것은 과학·기술이 모든 분야에서 커다란 발전을 이룩했기 때문이지만, 무엇보다도 일렉트로닉스(전자공학)가 진보되고, 컴퓨터(전자 계산기)가 발명되었기 때문이다.

🔺 현대의 컴퓨터는 사회 발달과 함께 많은 발전을 해 왔다.

기계로 된 로봇이 인간과 마찬가지로 일을 하기 위해서는 인간의 두뇌에 해당되는 인공 지능이 필요하다. 옛날에도 인간의 손이나 발의 구실을 하는 기계는 만들어졌지만 생각하거나, 판단을 내리거나, 계산을 하거나 하는 인공 두뇌를 만든다는 것은 전혀 꿈같은 이야기에 지나지 않았다.

그러한 시대에는 로봇을 만드는 일은 과학자, 기술자들의 진지한 주제로는 되지 않았다.

그런데 컴퓨터 시대가 오자 '인공 지능을 가지는 로봇도 만들 수 있는 것이 아닌가' 하는 희망도 생겨났다. 로봇의 연구가 진정으로 착수되게 된 것이다

● 에니악의 탄생

전자 기술의 발달로 인해 진공관이 발명되었고, 진공관의 발명은 전자식 컴퓨터를 탄생시켰다.

세계 최초의 컴퓨터는, 1946년에 미국의 펜실베이니아 대학에서 탄생되었다.

이름은 '에니악'이다.

18,800개의 진공관을 사용한 길이 30미터, 무게 30톤의 거대한 것이었다.

그 무렵 최신형 릴레이식 계산기로서 2시간 걸린 계산을 불과 30초에 해치웠다. 계산 속도가 240배나 빨라진 것이다. 이 실험에 나섰던 과학자들도 깜짝 놀라 버렸던 것이다.

이론으로는 알고 있었으나 눈 앞에서 눈 깜짝할 사이에 계산해 버리는 데는 놀라지 않을 수 없었다.

'이것으로 과학 연구는 눈부신 속도로 진전될 것이 틀림없

었다.' 모두가 손을 마주 잡고 기뻐했다.

에니악이 탄생된 계기는 사실은 제2차 세계대전(1939~1945)이었다. 전쟁 그 자체는 불행하고 비참하며 인간으로부터 모든 것을 빼앗고 아무것도 주지 않지만, 몇 가지 면에서 대단한 과학 기술의 진보를 가져왔다.

원자력, 제트기, 항생 물질과 더불어 컴퓨터가 전쟁에 이기기 위한 연구 과정에서 발명된 것이다.

제2차 세계 대전이 시작되었을 무렵, 미국에서는 대포로 쏜 탄환이 통과하는 길을 계산하여 명중률을 높이는 연구가 열심히 행해지고 있었다.

이 계산은 대단히 복잡하여 대포의 각도라든가, 바람의 방향이라든가, 지구의 자전이라든가 그 밖의 여러 가지 영향을 생각하면, 2,000 종류의 탄도를 계산하지 않으면 안 된다.

애초부터 여러 가지 방법을 표나 그래프로 만들어 놓으면 전쟁에서 그것을 참고로 하여 명중률을 높게 할 수 있다. 그런데 그 당시의 기계식(릴레이식)의 계산기로서는 하나의 탄도를 계산하는 데도 한 시간 이상이나 걸리게 된다. 그렇게 되면 전쟁에는 소용이 없게 된다.

펜실베이니아 대학에 있는 모클리 박사와 에커트 박사는 어떻게 해서든지 빨리 계산하는 방법은 없을까 하고 연구를 시작했다. 그래서 라디오 등에 쓰이고 있는 진공관을 이용한 계산기, 즉 전자 계산기를 만들 것을 생각했다.

두 사람의 이 생각에 대하여 처음에는 과학자들 가운데는 '그러한 일은 불가능할 것이다.' 하고 의심하는 사람이 있을 정도였다. 그러나 두 사람은 몇 사람의 기술자와 함께 계속 노력한 결과 훌륭히 완성했다.

🔸 에니악은 전쟁 때 대포 탄환의 비행 속도를 계산하기 위해 개발되었다.

제2세대 컴퓨터

컴퓨터 제1호인 에니악이 만들어진 이후, 차례로 새로운 형의 컴퓨터가 만들어졌다.

그러나 새로운 형식이라 해도 대부분이 진공관을 이용한 것으로 이것을 제1세대의 컴퓨터라고 한다. 그런데 진공관은 클 뿐만 아니라 열을 많이 내었기 때문에 특별히 만들어진 냉각 장치가 필요했다. 또한 수명도 짧고, 고장이 많은 결점이 있었다. 그래서 1958년부터는 진공관 대신 트랜지스터를 이용한 것이 등장하게 되었다. 트랜지스터는 작을 뿐만 아니라 열도 발생하지 않고, 수명도 반영구적이며, 고장이 적은 뛰어난 성질을 가지고 있다.

▶ 트랜지스터를 이용해서 만든 컴퓨터 스트레치

▶ 트랜지스터—트랜지스터는 교실 크기 만한 컴퓨터를 장롱만한 크기로 만들 수 있게 했다.

그 때문에 트랜지스터를 이용한 컴퓨터의 성능은 비약적인 발전을 하여 제1세대 컴퓨터보다도 더 빨리 계산을 할 수 있게 되었다.

이 때부터 비로소 컴퓨터는 많은 사람들이 이용할 수 있는 기계로 바뀌게 되었다. 최초로 군사용이 아닌 상업용 컴퓨터도 이 때 등장했다.

트랜지스터를 이용하여 만든 컴퓨터를 제2세대 컴퓨터라고 한다.

● 프로그램 내장 방식

이와 같은 컴퓨터의 발달 과정을 되돌아볼 때, 에니악 컴퓨터 자문 위원인 폰 노이만을 말하지 않을 수 없다.

노이만은 1903년에 헝가리의 부다페스트에서 태어나 27세에 미국으로 건너와 프린스턴 대학의 교수가 된 사람이다.

또한 그 사람은 1944년 무렵부터 컴퓨터의 연구를 시작했다. 그리고 컴퓨터에 대하여 기본적으로 중요한 문제를 몇 개나 해결한 천재적인 과학자라고 알려지고 있다. 그 가운데서 프로그램 내장 방식의 개발이란 훌륭한 업적이 있다.

프로그램 내장 방식이라는 것은 어떠한 것인가.

그것은 컴퓨터가 계산하는 순서(프로그램)를 컴퓨터의 기억 장치 속에 기억시키고, 필요에 따라서 바꿀 수 있도록 만든 것이다. 그 때까지의 계산기에서는 프로그램은 일단 정해지면 도중에서 바꿀 수 없어 대단히 불편했었다.

프로그램 내장 방식은 바꾸어 말하면, 컴퓨터의 계산 방법을 인간의 두뇌 작용에 가깝게 해 놓는 것이라고 할 수 있다.

인간의 경우, 하나의 방법으로 계산이 잘 되지 않으면 곧 다른 방법으로 바꿀 수 있는데 그와 똑같은 융통성을 컴퓨터에게도 갖게 한 것이다.

1945년 노이만에 의해 제안된 이론은 즉시 실용화되어 그 이후에 나온 컴퓨터는 모두 프로그램 내장 방식에 의하고 있다. 이것에 의하여, 컴퓨터의 본격적인 진보가 시작되었다고 할 수 있다.

● 제3세대 컴퓨터

제3세대 컴퓨터에는 아이시(IC)라는 것이 발명되어 이것을 장착한 컴퓨터를 말한다.

아이시(IC)는 여러분들의 손톱 크기만한 칩에 수십 개의 트랜지스터와 기타 다른 부품들을 만들어 넣은 것으로 이를 이용한 컴퓨터의 크기는 당연히 작아질 수밖에 없었다.

전자 산업의 발달은 이에 그치지 않고 더욱 눈부시게 발달하여 수백만 개의 트랜지스터를 대신할 수 있는 브이엘에스아이(VLSI)를 만들어 제 4세대 컴퓨터 시대를 열었다.

● 제4세대 컴퓨터

1970년대 중반에 과학자들은 하나의 작은 실리콘 칩에 수천 개의 집적회로를 만들어 넣는 기술을 개발하였다.

칩은 바늘 귀를 통과할 수 있을 정도로 매우 작은데 이 작은 면적에 그렇게 많은 회로를 만들 수 있다는 것은 상상하기도 어려운 일이다. 이러한 기적의 칩을 만드는 데는 여러 가지

◀ 제3세대 컴퓨터의 IC— 수십 개의 트랜지스터가 사용되었다.

◀ 제4세대 컴퓨터의 LSI— 수만~수십만 개의 트랜지스터가 사용된 IC

값비싼 장비와 과학 기술이 필요하다.

대규모 집적 회로보다 더 작고 싸졌다. 제4세대 컴퓨터는 제3세대 컴퓨터보다 10배나 빠르다.

● **제5세대 컴퓨터**

다음 세대의 컴퓨터는 어떤 것일까?

이들 컴퓨터는 사람의 목소리를 직접 받아들이고 말도 할 수 있는 장치를 사용하게 될 것이다. 문명의 발달과 함께 기계식 컴퓨터가 만들어지기까지의 기간은 수천 년이 된다.

그러나 커다랗고 비싸고 느린 에니악의 발명에서부터 작고 값싸고 빠른 마이크로 컴퓨터의 발명에 이르기까지의 기간은 불과 30년이 채 되지 않는다. 아마 미래에는 모든 가정과

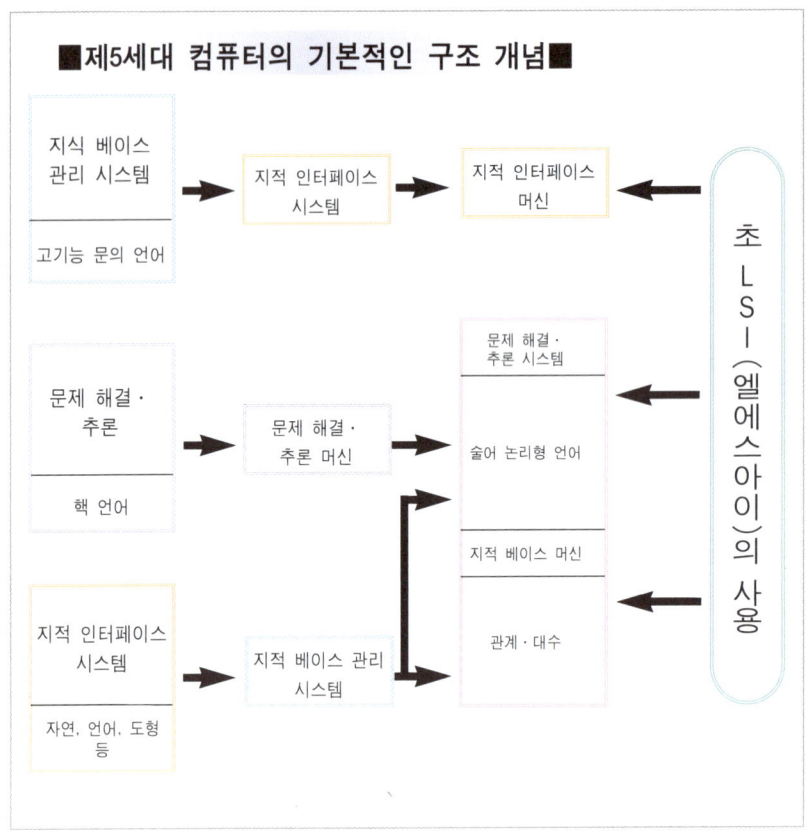

학생들의 가방에 컴퓨터가 들어가 있을 것이다.

제 5세대 컴퓨터 시스템에는 다음과 같은 것들이 있다.

- 기계 번역 시스템 — 영어와 프랑스어 등 외국어를 우리말로 번역할 수 있는 자동 번역기 시스템이다.
- 질문 응답 시스템 — 컴퓨터에 질문하면 컴퓨터가 어떤 전달 수단을 써서 적절한 응답을 해 주는 시스템이다.
- 음성 응용 시스템 — 사람이 한 말을 바로 받아 적거나 전화 문의 등을 대답해 주는 시스템이다.
- 응용 문제 해결 시스템 — 컴퓨터에 수식이나 장기 체스 등의 문제를 주면 해답을 내주는 시스템이다.

컴퓨터의 구조

● **다섯 개의 장치**

컴퓨터에 대해서 알아보기로 하자.

컴퓨터는 인공 두뇌라든가, 전자 두뇌로 불리고 있는데, 그의 작용은 대체로 두뇌와 닮은 구조로 되어 있다.

인간의 경우, 눈으로 보거나 귀로 듣거나 한 것을 두뇌에서 계산하거나 기억하거나 또는 판단하거나 한다. 그리고 그 결과를 입으로 말하거나, 손으로 쓰고 행동으로 나타낸다.

그것과 마찬가지로 컴퓨터는 크게 나누면 다섯 개의 장치로 되어 있다. 즉 ①입력 장치, ②기억 장치, ③연산 장치, ④제어

● 키보드를 통한 입력 모습—키보드는 자료를 입력시키는 대표적인 입력 장치이다.

장치, ⑤출력 장치로 되어 있으며, ①은 키보드 등으로 데이터를 넣는 것으로 눈이나 귀에 해당하며, ②, ③, ④는 두뇌, ⑤는 결과를 타이프라이터로 찍어내는 입이나 손에 해당한다.

그 가운데서 기억, 연산, 제어의 3개는 컴퓨터의 가장 중요한 부분으로 그 곳에 인간의 두뇌 세포에 해당하는 전자부품이 꽉차 있다. 이 부분에 전에는 진공관이 사용되었고 이어서 트랜지스터, 그리고 지금에는 아이 시(IC)나 엘 에스 아이(LSI)가 쓰이고 있다.

이러한 구조이기 때문에 유명한 철학자 데카르트는, 인간의 두뇌를 시계 구조에 비유하고 또 베르그송은 전화 교환국에 비유했는데, 지금은 컴퓨터에 비유할 수가 있겠다.

● **기본적인 능력**

컴퓨터의 두뇌라고 할 수 있는 본체는 어떠한 작용을 할 수 있는가. 이것은 로봇의 두뇌를 생각해 나가는 데 있어 대단히 중요하다.

그것은 두 개의 기본적인 능력을 가지고 있다. 하나는 인간으로부터 가르침을 받은 계산의 방법이나 작업의 순서를 바르게 기억해 두는 능력, 또 다른 것은 가르침을 받은 방법으로 매우 빠른 속도로 계산을 하거나 판단하는 능력이다.

그러므로 현재 컴퓨터는 인간으로부터 명령받은 사실을 빨리, 바르게, 실행하는 기계라는 것이 된다. 이것을 로봇의 두뇌로 쓰면 어떻게 될까. 로봇은 주인인 인간이 시키는 대로, 가르침을 받은 대로 일을 하게 될 것이다. 로봇 학자는 이 점에 기대를 걸고 있는 것이다.

메모리 칩

메모리—RAM이라고 불리는 작은 전자 부품에 데이터나 프로그램이 보존된다. 메모리의 양을 늘릴 수 있다.

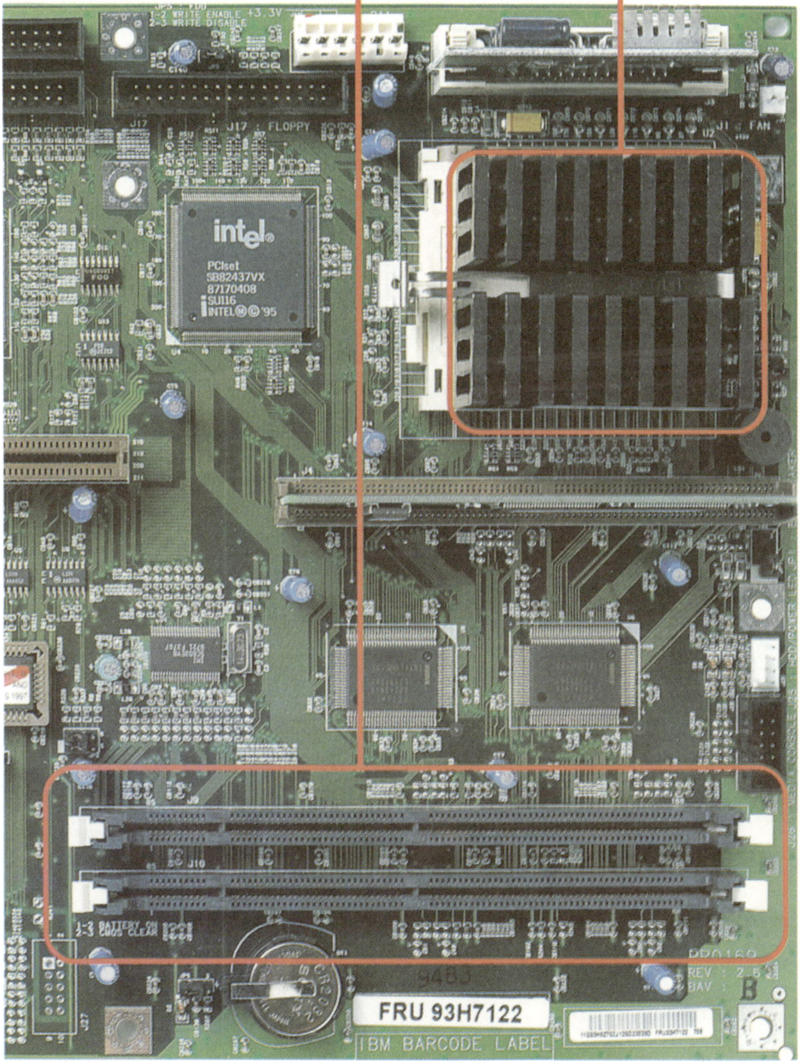

CPU—퍼스널 컴퓨터의 심장부. 우리말로 번역하면 중앙 연산 장치가 된다. 새로운 기술이 자꾸 투입되어 고기능·고성능인 CPU가 탄생하고 있다.

● 기억 장치

컴퓨터의 두뇌 구조는 어떻게 되어 있는가.

컴퓨터 두뇌의 중심이 되는 것은 기억 장치이다. 기억 장치라 하는 것은 계산의 방법이나 순서(프로그램)와 계산한 결과(데이터라 한다) 등을 간수해 두는 곳이다. 프로그램도, 데이터도 번호가 붙여져 일정한 장소에 보관된다.

기억 장치로서 쓰여지고 있는 방식으로서 여러 가지가 있지만, 가장 일반적으로 쓰여지고 있는 것을 자기(磁氣) 코어라고 한다. 이것은 지름 2밀리미터 정도의 작은 도넛형의 페라이트(철 산화물의 한 가지)라고 하는 물질로서 된 고리(링)를 많이 모아서 만든 것이다.

그 고리의 중심에 세로, 가로, 비스듬히 전선을 통하게 하고,

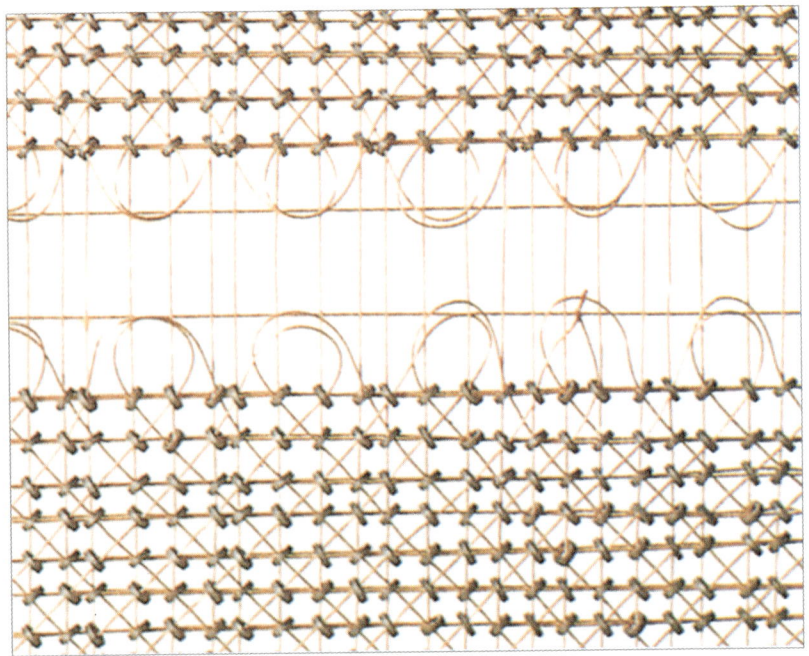

🔻 자기 코어의 구성—도넛 형태의 자성물질로 크기가 작을수록 속도가 빠르다.

◀ 자기 테이프 장치

▼ 자기테이프

그 전선에 흐르는 전류에 의해 고리는 자성을 띠게 된다. 전류의 방향에 따라, 자성을 띠는 방법으로 오른쪽 돌기와 왼쪽 돌기의 두 가지가 있는데, 그것이 기억의 바탕이 되어 있다.

컴퓨터에는 이와 같이 기억 부품이 2만 개 정도에서 1,000만 개 정도 쓰이고 있다. 그러나 그것은 인간의 뇌의 신경 세포의 수인 140억 개에 비하면 아직 불과 얼마 안된다고 하겠다.

다만 인간의 뇌 세포는 실제로는 그 대부분이 작업에 쓰이기 때문에 일의 종류에 따라서는 훨씬 우수한 능력을 발휘할 수 있다.

알기 쉬운 예를 들면, 원주율(π) = 3.141592…를 계산하는 데 최신형 컴퓨터는 불과 몇 초에 700자리까지 계산해 낸다.

컴퓨터 제1호인 에니악도 40초밖에 걸리지 않는다.

그런데 영국의 샨크리스라는 사람은 그의 생애인 70년이 걸려 손으로 하나하나 계산하여 1873년에 겨우 707자리까지의 값을 냈다고 한다. 그런데도 528자리에서 틀림이 있었다. 대단한 착오였다.

기억 장치가 기억할 수 있는 양은 어느 정도일까. 현재 가장 큰 컴퓨터에서는 1,500억 자를 기억할 수 있는 능력이 있다. 이 초대형 컴퓨터는 미국에서 원자력 연구에 쓰이고 있다. 그러나 보통은 100만 자 정도의 능력의 것이 많다.

컴퓨터의 두뇌에 해당되는 부분에는 이 밖에도 연산 장치, 제어 장치가 있다. 이것은 계산이 정하여진 대로 차례차례로 행하여지도록 하는 장치로서 역시 각각 100만 개에 가까운 부품으로 구성되어 있다.

🔺 기억 장치—현대의 컴퓨터는 노이만이 제안한 프로그램 내장 방식을 채택하고 있으므로, 기억 장치의 기능이 매우 중요하다.

로봇과 컴퓨터

● **생각하는 로봇**

컴퓨터는 어떻게 로봇에 쓰여지고 있는가.

로봇이 '인간을 대신하는 기계'라고 할 것 같으면, 컴퓨터는 당연히 로봇의 두뇌 구실을 하지 않으면 안 된다. 그것은 인간의 두뇌에 가까운 작용을 하는 기계는 컴퓨터밖에는 없기 때문이다.

현재 인간형의 로봇을 생각해보자. 아시모프의 '스피어'에서 가령 인간과 똑같은 동작, 행동을 하는 로봇이 되었다고 하면, 그 로봇의 손이나 발을 움직이고, 명령을 듣거나 계산을

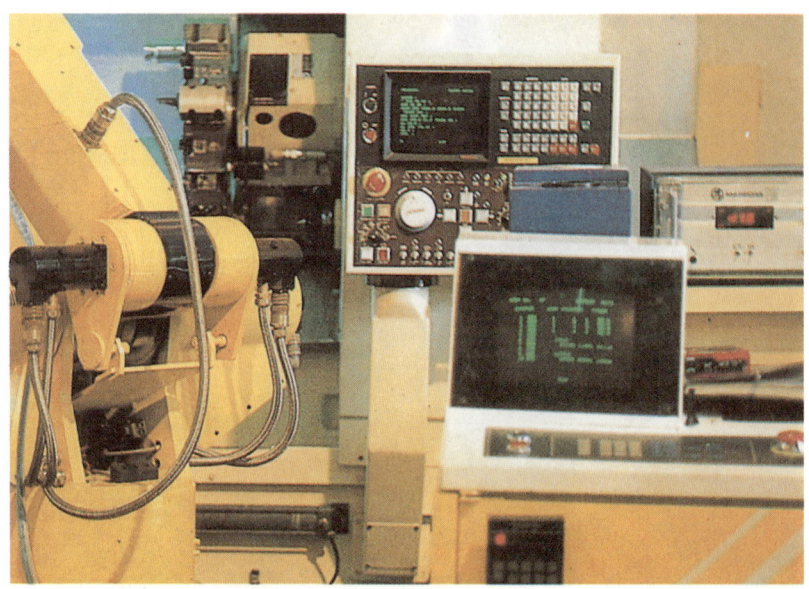

🔶 중공업 공장에서 사용되고 있는 작업용 로봇은 컴퓨터에 입력된 내용에 따라 작동하게 된다.

하는 여러 가지 행위를 지배하는 것은 무엇인가. 그것이 인공 두뇌, 즉 컴퓨터이다.

로봇이 어떠한 크기로 어떠한 모습을 하고 있어도 로봇의 몸 어디엔가 초소형의 인공 두뇌가 갖추어져 있어, 인간의 두뇌를 닮은 작용을 하고 있다.

기억 용량이 큰 컴퓨터는 수십 칸이나 되는 방도 가득 차는 큰 것이 되므로 로봇의 몸 속에 장치하는 것은 불가능하다.

그러나 이미 설명한 대로, 현재의 컴퓨터는 로봇의 몸 속에 내장되어 있어서, 로봇의 두뇌가 되기 위해서는 아직도 불완전하며 많은 결점이 있다.

예를 들면 크기는 어떠한가. 아이 시(IC)라든가, 엘 에스 아

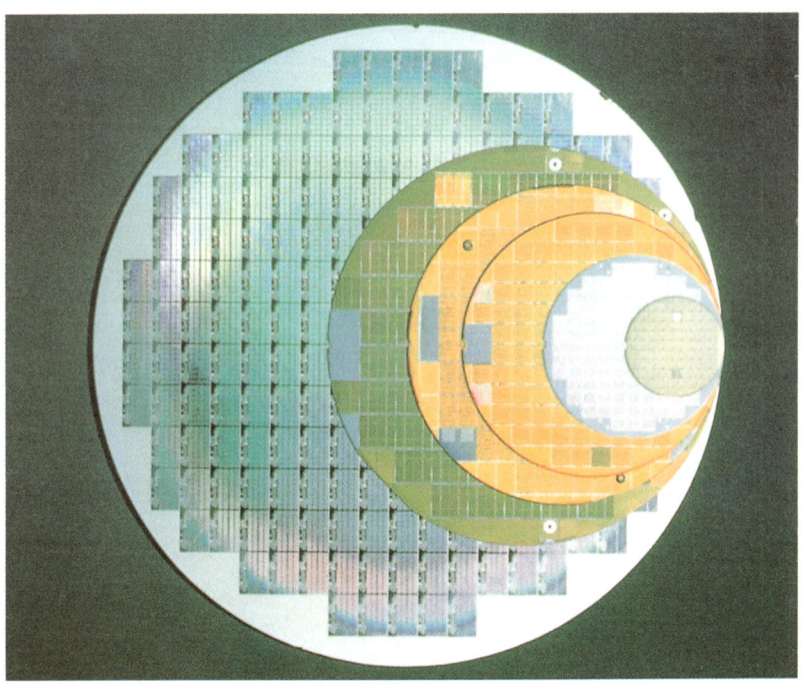

🔻 아이 시의 변화—초기엔 1개의 기억 능력이었으나, 지금은 100만 배로 능력이 늘었다.

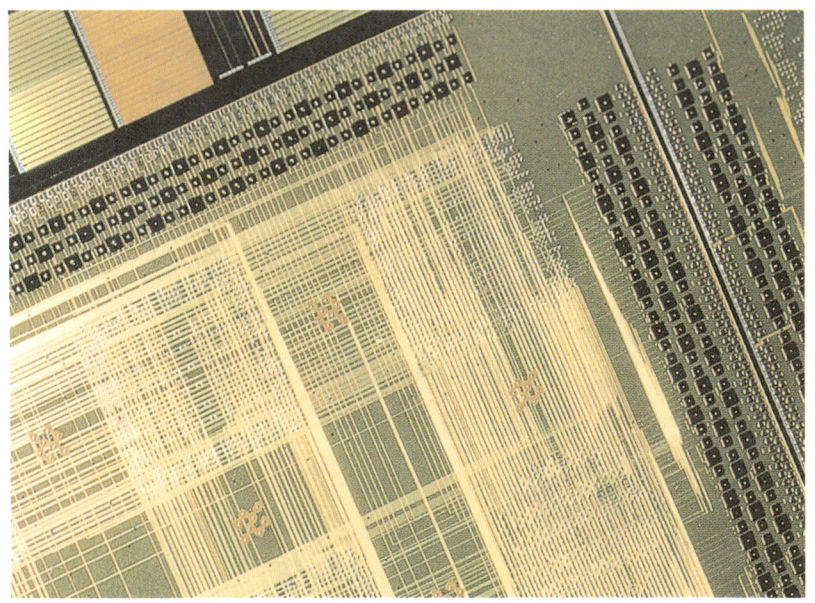
🔺 엘 에스 아이—제4세대 반도체인 대규모 집적회로

이(LSI)라고 하는 가장 우수한 일렉트로닉스 기술을 채용한 최신형의 컴퓨터라 해도 기억 용량이 큰 대형 컴퓨터가 되면 수십 평이 되는 방 하나 가득히 되는 크기가 된다.

장래의 진보를 생각해도 당분간은 인간의 머리만큼 작게는 될 것 같지가 않다. 현재, 전자식 계산 기계로서 널리 보급되어 있는 초소형 컴퓨터는 손바닥 위에 올려놓을 수 있을 정도로 작게 되어 있는데, 기껏해야 10자리 정도의 4칙 연산 등의 계산에 쓰일 뿐으로 인공 두뇌라고 할 수 있는 것은 아니다.

이 정도의 미니 컴퓨터의 기억 용량은 보통 불과 4,000 단어 정도에 지나지 않는다. 그러므로 현재는 극히 간단한 기억이라든가, 계산 판단을 할 뿐인 컴퓨터이면, 로봇에 달아서 가지고 다닐 수 있지만 본격적인 컴퓨터는 로봇과는 다른 곳에 두고, 로봇과 컴퓨터는 전선으로 연결시켜 두지 않으면 안 된다.

● 필요한 소형화와 성능의 개량

　이와 같이 우선 컴퓨터의 크기 그 자체에 중대한 약점이 있는데, 또 하나 패턴 인식에 약한 것도 문제다.

　이것으로는 가령 인공의 눈이나 귀를 갖추고 있어도, 눈으로 본 것이나 귀로 들은 것이 무엇인지 판단이 되지 않을 것이다. 이렇게 해서는 에스 에프의 세계에 등장해 오는 로봇, 오랫동안 선망되어 오던 로봇은 만들 수가 없다. 이상적인 로봇을 실현하기 위해서는, 우선 첫째로 컴퓨터를 더욱더 작게 하고, 성능이 좋은 것으로 만들 필요가 있다.

　현재 실용화하고 있는 공업용 로봇 등은 컴퓨터라고 하기보다 자기 테이프 등의 극히 간단한 기억 장치를 가지고 있어서 처음부터 작업의 수준을 그것에 기억시켜 두는 것이다.

　그렇기 때문에 현재의 공업용 로봇은 튼튼한 인공적인 손은 가지고 있으나 지능은 하나도 없는 것이다. 이 책은 로봇의 범위를 넓게 잡고 있으므로 여러 가지 로봇이 소개되어 있는데, 연구 중의 로봇을 제외하면 그 대부분은 컴퓨터와 별로 관계가 없는 '지능이 없는 로봇'이다.

로봇이란 무엇인가

자동기계에서 로봇으로

● **미래의 지도**

 지금까지 로봇이라든가 인조 인간이란 말을 특히 제한을 붙이지 않고 써왔다. 신화나 에스 에프의 로봇, 로봇이란 말이 생겨난 경위, 자동 인형이나 장난감 이야기 등에서 로봇이란 도대체 무엇인가 하는 것을 생각해 둘 필요가 있다.
 지금부터 로봇에 대하여 많은 것을 쓰는 데 있어서 로봇이란 도대체 무엇인가 하는 것을 생각해 둘 필요가 있다.

🔺 곤충 로봇—사람의 지시에 따르지 않고 자신의 지능대로 움직인다.

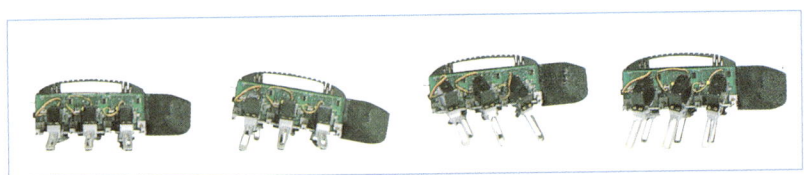

🔺 6개의 다리로 스스로 걸어가는 곤충 로봇

유명한 에스 에프 작가 클라크가 쓴 '미래의 프로필'이란 책 속에 '미래의 지도'라고 하는 흥미 깊은 도표가 소개되어 있다. '미래의 지도'란 대체 무엇인가.

클라크는 과학과 기술의 분야에서 과거에 발견되었거나 발명된 것 중에서 중요한 것을 연대를 따라서 적음과 동시에 2100년까지의 미래에 예상되는 발견, 발명을 몇 개 소개했다. 수송, 통신, 정보, 용구, 제조, 생물학, 화학, 물리학 등의 분야에 대하여 미래에 어떤 일이 일어날 것인가를 예상하고 쓴 것이다. 이것이 '미래의 지도'이다.

물론 과학적인 근거는 없다.

클라크 자신도 말하고 있다.

"너무 진지하게 받아들여서는 곤란하다. 다만 공상을 즐길 뿐으로 끝나기 바란다."

지도에 의하면 로봇은 2020년에 등장하기로 되어 있다.

● **자동 기계**

문제는 여기에서 클라크가 말하고 있는 로봇이란 도대체 어떠한 것을 말하고 있는가 하는 것이다.

유감스럽게도 클라크는 그것에 대하여 설명을 하지 않았다. 그러나 클라크는 2000년에는 인공 지능이 발명될 것으로 생각하고 있으므로, 아마도 이 로봇은 인간과 다름없는 일은 할 수 있을 것으로 생각해도 좋을 것이다. 에스 에프에 등장하는 심부름하는 로봇 같은 것이 만들어진다고 생각해도 좋을 것이다. 에스 에프 작가인 아시모프도 1998년에 로봇 개, 2002년에 말하는 로봇, 2015년에 광부 로봇의 발명을 예상하고 있었으므로, 2020년에 심부름하는 로봇이 만들어진다는 것은 있을 수 있는 이야기다.

클라크는 다시 2080년이 되면, 기계 지능(인공 지능)이 인간의 능력을 앞서게 될 것을 예측하고 있었다.

지금도 계산 능력이라든가, 기억력에서는 컴퓨터 쪽이 훨씬 우세한데, 21세기 후반이 되면 창조력·판단력과 같은, 지금은 인간이 우수한 능력에 있어서도 인공 지능 쪽이 우수해진다는 것이다.

그렇게 되면 로봇 쪽이 인간보다 훌륭해지게 되는 것인가. 또 그 때 로봇과 인간은 과연 사이좋게 지낼 수 있을까.

🔺 동작이 경쾌하게 움직이는 것이 특징인 로봇—자신의 몸 속에서 나오는 음악을 듣고 춤을 추기도 한다.

이와 같이 수십 년, 수백 년 후의 미래의 로봇은 우리들이 알고 있는 '로봇다운 로봇'임이 틀림없다. 인간처럼 자유자재로 손발을 움직이며 걸어다니고, 상당한 정도의 높은 인공 지능을 가지고 인간이 지시하는 대로 일하는 우리와 익숙한 로봇이 나오게 될 것이다.

1920년에 체코슬로바키아의 작가 차페크가 만든 로봇이란 단어가 현재에는 넓은 의미로 쓰여지고 있다.

예를 들면 '로봇'이라는 이름(상품명)의 전자동 세탁기도 있다. 이런 형식의 세탁기는 스위치만 누르면, 탈수에 이르기까지 자동적으로 일을 마치게 되는 것이 특징이다.

자동 기계로서는 이것 외에도 어떠한 것들이 있는가. 우선 누구나 다 알 수 있는 것은 자동 판매기이다. 인간을 대신하여 일하는 자동 기계이다.

공장에서는 노동자 대신으로 일하는 기계가 공업용 로봇으로 많이 쓰이고 있다. 도시의 커다란 우체국에서는 우편 번호를 인간을 대신하여 읽는 자동 기계가 등장했다.

우리에게 익숙한 점보 제트기는 기계의 자동 조종으로 안전하게 운항되고 있다.

또한 최근 큰 창고에서는 물품의 출납은 모두 다 컴퓨터로 관리되고, 모든 기계가 알아서 자동으로 처리되는 무인 창고로 되어 가고 있는 형편이다.

로봇의 정의

● 오 에스 에프 (OSF)

지금까지의 설명으로 로봇에도 여러 가지가 있다는 것을 알 수 있을 것이다. 여러 가지 기계가 로봇이란 이름으로 불리고 있다. 그 가운데는 로봇이라 하면 일반적으로 쉽게 받아들여지기 때문에 그렇게 부르고 있는 것이다.

그러나 무엇이든 로봇이라 해서는 곤란하다.

이번에는 로봇이란 무엇인가, 그것의 정의를 생각해 보기로

🔶 사람과 같이 앉고 설 수 있으며 몸의 각 부분을 움직여 일을 할 수 있다.

🔴 만화로 로봇을 묘사한 만화 영화 아톰

하자.

 차페크에 의하면 '일할 수 있는 능력은 있어도 생각할 수 있는 능력이 없는 인간을 닮은 것'이고, 역사적으로는 '공포를 주고 또 유머러스한 행동을 하는 융통성이 없는 기계 인간'이라고 생각되어지고 있는데 현재 보통으로는 '인간 이상의 능력을 가지고 인간을 지키는 철인 아톰과 같은 일종의 이상 기계'라고 생각되고 있다.

 이와 같이 정의된 로봇은 에스 에프나 만화 등의 등장 인물은 되어도, 실제에는 아직 존재하지 않는 것이다. 물론 그것을 목표로 한 연구는 각국에서 행하여지고 있지만, 실물이 완성되기까지는 아직도 멀고먼 이야기이다.

● 일정한 정의는 없다

좀더 현실적인 정의가 필요하게 된다. 그 하나로 영국의 런던 대학 쿠인메리 칼러지에서 로봇을 연구하고 있는 스링그 교수가 정의한 것이 있다. 교수는 다음과 같이 말하고 있다.

'팔과 손을 가지고, 인간에게 프로그램되어져서 여러 가지 연속 동작이나 운반 작업을 하고, 주위를 잘 보고, 애초부터 결정된 방법으로 자기의 운동을 조절하여 움직일 수 있는 기계'

이 정의에 가까운 로봇은 이미 만들어져 있다, 이 정의에 의하면, 로봇의 조건으로서 다음과 같은 점이 중요하다.

① 인간에게 복종할 것
② 물건을 잡거나 운반할 수 있을 것
③ 주위 상황의 변화에 응할 수 있을 것
④ 자기 스스로 움직여 돌아다닐 것

이와 같은 능력을 가지기 위해서는 적어도 팔과 손, 눈과 같은 감각 기관, 발 또는 차륜과 같은 자주 기관, 또한 인공 두뇌를 갖추고 있을 필요가 있다.

'로봇이란 어떠한 것인가.' 하는 질문을 하면 과학자, 기술자, 철학자, 작가, 저널리스트 등 사람에 따라서 모두가 다른 대답을 한다. 지금은 아직 모두가 널리 인정되고 있는 '로봇의 정의는 없다.'고 하는 것이다.

가령 다음과 같이 생각해 보기로 하자.

로봇에는 인간형 로봇과 그렇지 않은 비인간형 로봇이 있다. 인간형 로봇은 인간을 닮은 모양을 하고 있어서 흡사 인간과 같든가, 그 이상의 지능을 가지고 있는 것같이 동작을 하는 자동 기계이다.

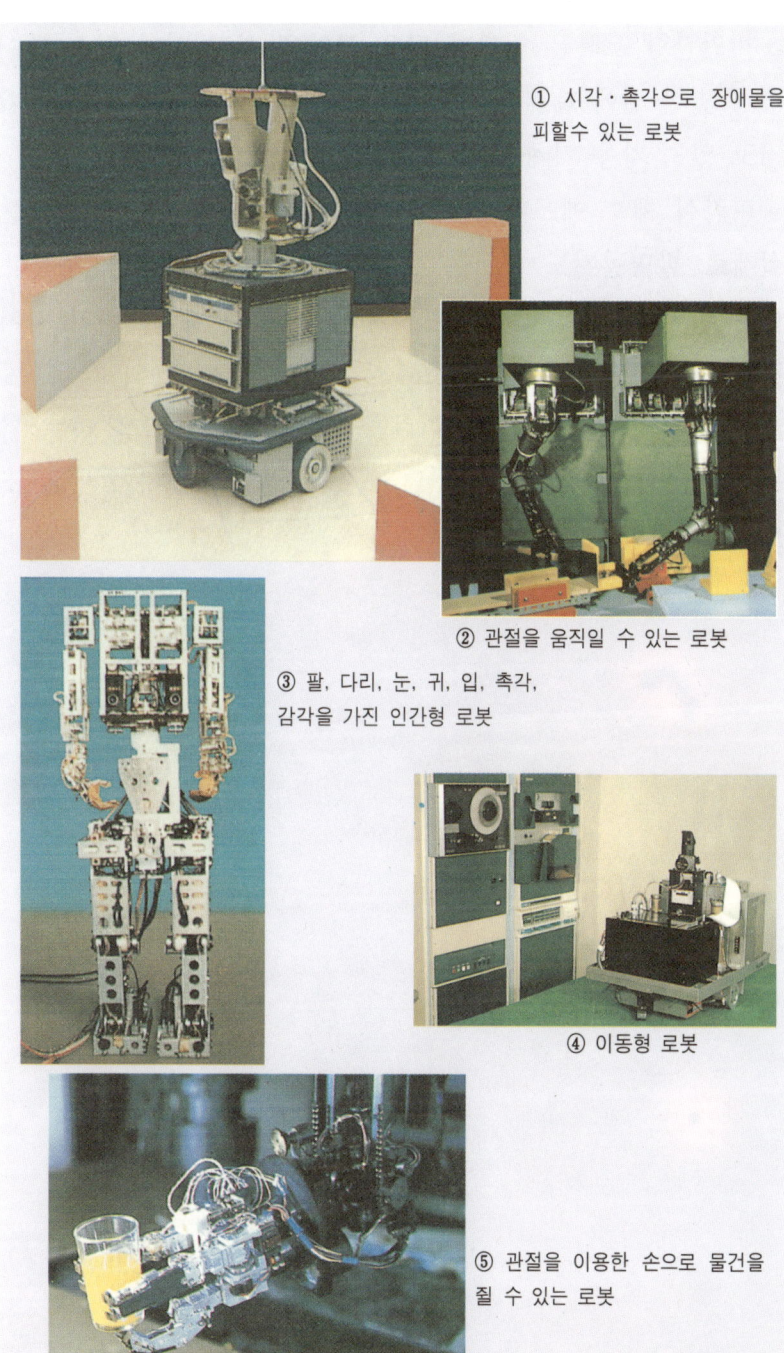

① 시각·촉각으로 장애물을 피할수 있는 로봇

② 관절을 움직일 수 있는 로봇

③ 팔, 다리, 눈, 귀, 입, 촉각, 감각을 가진 인간형 로봇

④ 이동형 로봇

⑤ 관절을 이용한 손으로 물건을 쥘 수 있는 로봇

🔻 로봇의 종류—지능 로봇의 연구 진행으로 인간을 닮은 로봇이 나오게 되었다.

비인간형 로봇은 인간과 닮은 모양은 하고 있지 않으나 어떤 특별한 일에 대해서는 인간과 같거나 그 이상의 능력을 가지고 있는 자동 기계이다.

따라서 에스 에프나 만화에 등장하고 있는 수십 년 후에는 실제로 발명될지도 모르는 로봇은 인간형 로봇이라 하겠다. 한편 비인간형 로봇으로서는 컴퓨터, 우편 로봇 등 여러 가지 것이 이미 만들어지고 있다.

좀더 쉽게 말하면 '로봇이란, 인간 대신으로 일을 하는 자동 기계로서 모양이 인간을 닮은 것도 있고 그러하지 않은 것도 있다.'고 해도 좋을 것이다.

공장에서 일하는 로봇

공업용 로봇

● 공업용 로봇의 종류

현재 공장에서 일하고 있는 로봇은 크게 두 가지 종류로 나눌 수 있다.

하나는 '시퀀스 형, 반복 로봇'이라 하여 극히 제한된 동작을 하는 것이다.

이것은 가장 간단한 공업용 로봇으로서 복잡한 작업은 하지 못한다. 부품을 어떤 장소에서 다른 장소로 옮기거나 하는 일뿐이다.

다른 하나는 '기억 재생식 반복 로봇'이라고 하는 것이 있다. 간단한 기억 장치를 가지고 있기 때문에 시퀀스 형보다도 복잡한 동작을 할 수 있다.

로봇 스스로가 현재의 자기 자신의 상태와 환경 상태를 알아차리고 명령에 따라서 자율적으로 행동하는 것으로, 이 형이야말로 원래 로봇이라고 할 수 있는 것이다.

우리는 자기 손과 발의 상태는 눈을 감아도 알 수 있다. 그것은 피부감각이나 관절감각으로부터의 감각 등이 중추로 되돌아가기 때문이다. 또 외계의 상황은 눈이나 귀를 통하여 알 수 있다. 그러므로 자율형 로봇에는 이런 것에 필적하는 감각 장치가 필요하게 된다.

인간에게 없는 장점

● **단순한 반복 작업**

공장에서 일하고 있는 공업용 로봇이 노동자와 다른 점이 몇 가지 있다.

그 중에서도 '로봇이 아니면 안 되는' 것은 아무리 오랜 시간을 계속 일을 해도 피로하지 않고 싫증을 느끼지 않는다는 것이다. 이것만은 사람이 아무리 해도 흉내낼 수 없는 것이다.

우리들은 매일 8시간 정도는 수면을 취한다. 일하지 않아도 전혀 수면을 취하지 않는다는 것은 생각할 수도 없다.

한편 일하는 시간은 어떠한가. 일에 따라서 다르겠지만, 사람은 2~3시간만 계속 일을 하면 누구나 피로하게 되고 싫증을

🔺 로봇은 싫증내지 않고 반복 작업을 계속할 수 있다.

느끼게 된다.

그러나 로봇은 기계다. 피곤한 일도 싫증을 느끼는 일도 없다. 정해진 일을 묵묵히 충실히 계속한다. 쉬지 않으면 안 되는 것은 고장이 났을 때나 몇 년에 한번 있는 분해 청소 때 정도이다. 필요하다면 아침부터 밤까지 쉬지 않고 1년 내내 일을 계속한다.

그러므로 제품을 컨베이어에서 다른 컨베이어로 옮기는 것과 같은 간단한 반복 작업 같은 일은 로봇에게 적합한 일이다.

● 위험한 작업에

로봇이 사람과 다른 두 번째의 장점은 위험에 신경을 쓰지 않아도 되는 점이다. 사람으로서는 도저히 가까이 갈 수 없는 장소, 오랜 시간 일을 하면 몸에 해를 받을 그러한 직장에서도 로봇은 아무렇지도 않게 작업할 수 있다.

방사선이 나오는 장소, 높은 열이 나오는 장소, 유독 가스가 가득찬 방, 이러한 곳에서는 인간은 일을 할 수가 없다. 그러나 경우에 따라서는 그러한 곳에 들어가서 작업을 하지 않으면 안 되는 일이 있다.

방사선이나 열을 피하는 방호복을 입거나, 방독 마스크를 쓴 사람을 대신하여 로봇이 활약하는 것은 이러한 때이다.

로봇은 대부분이 강철 같은 금속으로 되어 있다. 내부의 배선에는 플라스틱 등 금속 이외의 것도 사용되었으나 사람과 비교하면 훨씬 튼튼하다.

지금 공장에서는 우선 사람들이 일하기 어려운 직장에 로봇을 사용하고 있다.

◀원자력 발전소 시설의 나사를 죄고 있는 로봇—위험한 방사능 때문에 사람이 할 수 없는 작업을 로봇이 대신한다.

　제철 공장과 같은 곳에서는 열을 가한 금속을 가공하기 때문에 수백 도의 고열이 나는 곳이다. 이러한 곳에서 근로자들은 땀을 흘리며 참으며 일을 하고 있다. 이러한 곳에서 오래도록 일을 하면 몸에 좋을 까닭이 없다. 그래서 이러한 작업을 로봇에게 시키면 좋지 않을까 생각하게 된다.

　위험은 고열뿐이 아니다. 금속을 가공하는 프레스 작업에서는 순서가 약간 틀려도 팔이 끊기는 일이 있고, 용접 작업에서도 위험은 많다. 이러한 작업은 로봇 근로자에게 안성맞춤이다.

로봇은 오토메이션의 중심 역할자

● **산업 혁명**

공장에서는 옛날일수록 많은 사람들이 일하고 있었다. 그것이 기술이 진보됨에 따라 사람의 수가 적어도 되게 되었고 생산력은 훨씬 높아졌다.

사람 대신에 기계가 일을 하게 되고, 오토메이션(자동화)이 진보했기 때문이다. 그러면 이제부터 공장의 오토메이션화의 역사를 더듬어 보기로 하자.

18세기 무렵까지 물건은 사람의 손으로 도구를 써서 만들어

🔺 옛날에는 많은 근로자들이 필요로 했던 기계공장의 내부

🔺 컴퓨터의 조종으로 로봇이 운전되는 완전자동 생산라인

쓰던 수공업 시대였다. 그 당시의 공장의 작업장에는 기술자들로 가득했다. 하나의 물품을 만드는 데에도 많은 사람들의 손이 필요했기 때문이다.

그런데 18세기 후반이 되면서 증기기관이 발명되고, 19세기 후반에는 내연 기관, 모터 등 여러 가지 동력이나 기계가 차례차례로 발명되었다. 발명된 이러한 것들이 공장에서 쓰이게 되자, 여러 사람들이 하던 일을 한 대의 기계가 해낼 수 있었다.

그 결과, 많은 근로자들이 직장을 잃었다. 능률이 좋은 기계가 발명되었기 때문에 오히려 실업자가 나온 것이다. 근로자들은 '기계에게 일자리를 빼앗겼다'고 생각하고 공장에 와서 그 기계를 두들겨 부순 일도 있다.

이 시기를 제1차(18세기 후반에서 19세기 후반까지) 및 제2차(19세기에서 후반말까지) 산업 혁명이라 하는데 그 특징은 주로 공장에서의 작업의 기계화이다.

● 오토메이션 방식

컨베이어 시스템에 의한 단순한 반복 작업을 되도록 자동 기계에서 시키려고 하는 방식이 포드 회사에 의하여 1947년 오토메이션 방식으로 개발되었다.

엔진과 같은 큰 부품은 자동 공작 기계로 가공하는 등 될 수 있는 한 작업을 기계가 해내는 시스템이다. 당시에는 자동

🔺 각 부품이 대량 생산되는 자동화 공장

기계라 해도 유치하고 서툴렀기 때문에 반드시 성공하는 것은 아니었다.

그로부터 50여 년이 지난 지금, 자동차 공장은 어떻게 되어 있는가. 컨베이어 라인 옆에는 변함없이 많은 근로자들이 일을 하고 있다. 나사를 죄는 것과 같은 단순한 작업이나 또한 부품이나 제품을 자동 기계에서 다른 자동 기계로 옮기는 작업이라든가 조립하는 작업이다.

여러 가지 작업이 기계로 바뀌었지만 기계로 할 수 없는 손작업이 남아 있다. 공장 전체로 보아서는 확실히 사람이 많이 줄었다. 그러나 아직도 근로자들이 많이 필요한 데는 변함이 없다.

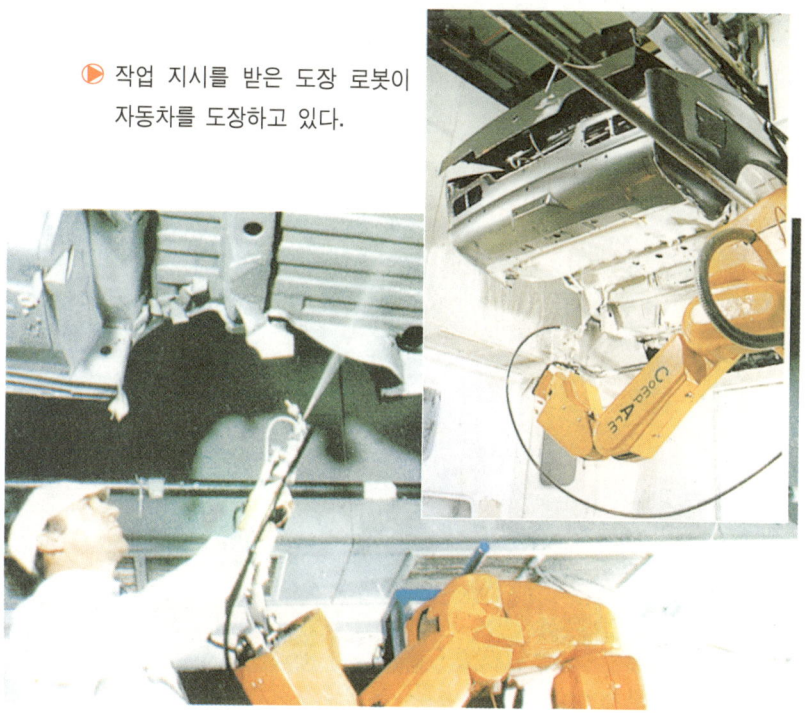

▶ 작업 지시를 받은 도장 로봇이 자동차를 도장하고 있다.

공업용 로봇의 실용화

● 로봇은 심부름꾼

공장 기계화 시대에 등장한 것이 공업용 로봇이었던 것이다. 만약에 로봇이 손 작업 대신 공장에서 쓰일 수 있다면 무인 공장도 될 수 있는 것이다.

그래서 손이 있는 공업용 로봇에 공장 경영자들이 대단한 흥미를 가지게 된다.

그러나 로봇에 의한 완전한 무인 공장을 만드는 데에는

🔺 자동화된 자동차의 생산라인에서 용접하는 산업용 로봇

로봇의 개발이나 개량은 물론 제품 그 자체, 즉 자동차라면 자동차의 설계 자체를 로봇에게 맡길 수 있는가 하는 문제이다. 현재의 자동차를 모두 로봇에게 시켜서 만들고자 하여도 그것은 불가능하다.

'로봇은 심부름꾼'이다. 앞으로 로봇을 어떻게 잘 다루느냐 하는 문제를 로봇 자체의 개발과 함께 검토할 필요가 있다.

● **자동차 공장에서**

공장에서 일하고 있는 로봇에게도 여러 가지 어려운 문제가 있는 것 같았다. 어느 날 공업용 로봇이 실제로 공장의 컨베

이어 라인에서 근로자와 똑같이 일하고 있는 자동차 공장을 찾아보았다.

기술부 직원의 안내를 받아 로봇이 일하고 있는 공장에 가 보았다.

48만 제곱미터의 넓은 공장 안은 여러 가지 기계와 도구로 가득 차고, 그 가운데서 두 줄기의 컨베이어 라인이 달리고 있고 그 위에 승용차가 한 줄로 정렬해 있었다.

어셈블리 라인(조립 라인)의 처음에는 유리도 타이어도 없는 차체, 금속의 몸체가 그대로 빛나고 있었다. 그것이 라인이

🔻 조립이 완성된 자동차에 도장하는 도장 로봇

진행되어짐에 따라 점차 많은 부품이 붙어 선명한 색으로 색칠을 하고서 20시간 후에는 완성된 승용차가 되어 달려 나오게 되는 것이다.

공장의 중간 정도까지 갔을 때 '저 쪽에서 일하고 있어요' 하고 안내하는 사람이 손가락으로 가리켰다. 그곳에는 아직 도장되어 있지 않은 차체의 양쪽에 한 대씩 탱크의 포탑 모양으로 로봇이 일하고 있었다.

그곳에서 몇 미터 떨어진 곳에서도 다른 2대의 로봇이 바쁘게 일하고 있었다.

로봇이 일하는 모습은 인상적이었다. 일하는 모습이 멋있어서 잠깐 동안 눈길을 빼앗겼다. 곁눈질도 하지 않고 작업하는 모습에 압도되어 버릴 정도였다.

컨베이어 라인을 탄 차체는 움직이기 시작하여 2대의 로봇 사이에 멈추었다. 그 순간 쉬고 있던 다른 로봇이 손을 들어 차체에 철판을 용접하기 시작했다.

불꽃을 튀기면서 로봇의 손 끝에 붙어 있는 저항 용접기가 2장의 철판을 용접하고 있었다.

로봇이 해야 할 작업은 차체의 엔진 둘레의 보링 과정이었다. 정확하게 치수를 재어서 용접공의 손으로 요소요소가 용접된 차체를 다시 세밀히 용접하여 튼튼하게 하는 것이다. 용접 작업의 솜씨도 훌륭했다.

🔴 생산 공장의 로봇은 되풀이되는 일을 빠르고 효율적으로 할 수 있어 널리 이용되고 있다.

● 로봇과 근로자

과연 공업용 로봇의 장래성은 어떠할까?

'아직도 성장 도중에 있다'고 공장에서는 보고 있다.

차체 조립 작업의 70퍼센트는 자동화되어 있는데 나머지 작업의 자동화에는 만능 공업용 로봇이 필요하다는 것이다. 그러기 위해서는 현재의 공업용 로봇을 개량하지 않으면 안 된다. 값도 대량 생산으로 싸게 되지 않으면 채산이 맞지 않는다. 고장을 없애는 일도 중요하다.

그런데 근로자들은 로봇을 어떻게 생각하고 있는가? 현재로서는 이 공장에서는 불과 4대밖에 설치되어 있지 않은 관계도 있겠지만, 근로자들이 로봇을 싫어하지 않고 즐겁게 함께 일하는 것 같다.

왜냐하면 자동차 조립 공장 등에서는 용접이나 나사 조이기 등 단순한 반복 작업이 여러 가지 있어서, 그러한 직장에서 일하고 있는 근로자는 절대로 즐겁게 일하는 일이 없기 때문이다.

지루한 작업을 몇 년간 하는 것은 사람에게 있어 결코 좋은 일은 아니다.

반복되는 단순한 지루함 때문에 작업 능률이 떨어지게 된다. 그러므로 이 공장의 근로자들은 싫증나는 일에서 해방시켜 주는 로봇을 환영한다.

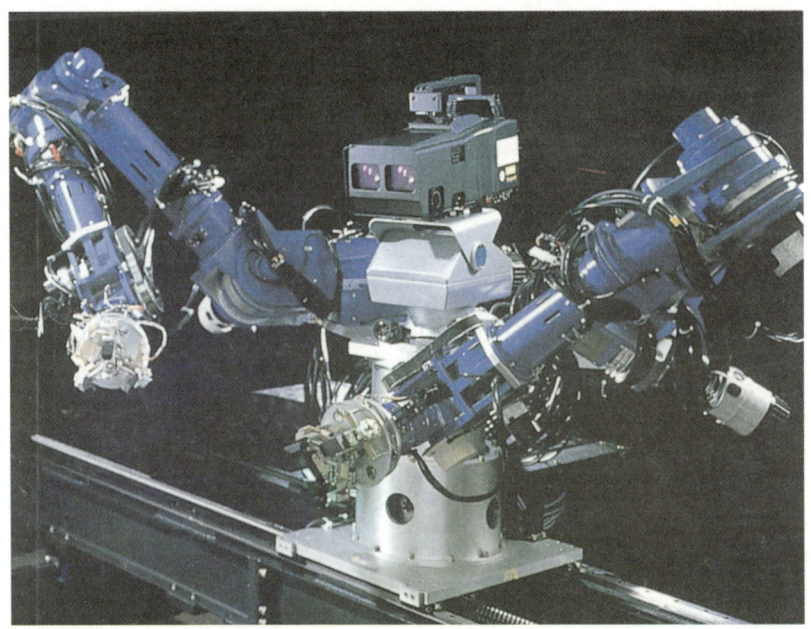

🔺 여러 가지 부품을 자동적으로 조립하는 로봇

완전한 무인 공장

● 무인 공장의 모습

공업용 로봇이 많이 늘어선 완전한 무인 공장은 어떠한 모양이 될까?

아마 컨베이어식 생산 라인에 따라서 부품을 가공하는 자동 기계가 정연하게 갖추어 서고, 그 사이에 여러 가지 로봇이 배치되어 있을 것이다.

자동 가공 기계는 물론 모든 로봇이 공장의 한켠에 있는 집중제어실의 대형 컴퓨터에 의하여 정확히 관리되고 있다. 그리고 모든 것이 처음에 만들어진 프로그램에 따라서 움직이기 때문에 낭비나 잘못은 없을 것이다.

그러나 이러한 무인 공장에도 약점은 있다. 그것은 로봇이라 해도 기계이므로 고장을 일으키는 일이 있기 때문이다. 물론 기술의 진보에 의하여 되도록 고장을 일으키는 일이 없도록 연구되어 있을 것이다.

고장을 빨리 발견하는 구조도 개발되어 있을 것이다. 가까운 장래에는 로봇 자신이 고장을 알려주는 능력을 갖게 되어, 그 부분을 자기 스스로 수리하든가 수리되지 않으면 사람을 부르게 될 것이다.

불과 몇 명 안되는 사람만으로써 움직일 수 있는 무인 공장 시대는 눈 앞에 다가와 있다. 사실 무인과 다름없는 공장은 현재에도 있다.

🔺 완전 무인 공장의 모습―로봇의 작업 상태를 중앙 관리 센터에서 관리한다.

● 무인 공장의 실현

예를 들면, 석유 콤비나트의 석유 화학 공장을 견학해 보면 알 수 있다. 넓은 공장 부지에는 탱크나 반응탑이 숲과 같이 서 있고, 그 사이를 파이프가 종횡으로 뻗어 있을 뿐 사람의 그림자는 거의 보이지 않는다.

근로자는 공장의 한쪽 구석에 있는 관리센터 속에서 미터나 램프가 늘어서 있는 컨트롤 파넬을 감시하고 있을 뿐이다.

먼 아라비아로부터 매머드 탱커로 운반되어 온 원유는 이

🔸 자동차 공장에서는 이젠 로봇이 없어서는 안될 정도이다.

공장에서 정제되어서 나프타가 되고, 나프타는 다시 여러 가지 화학 반응으로 모습을 변하여 어느 사이에 플라스틱으로 되고 만다. 그 사이에 사람의 손은 거의 거치지 않고 있다.

이와 같은 일이 자동차 공장, 제철 공장, 전기 공장에서 일어나고 있는 것이 틀림이 없다.

현재 이미 미국의 자동차 공장에서는 상당수의 로봇이 쓰이기 시작하고 있다. 몇 년 전만 해도 미국에는 불과 75대의 로봇밖에 없었는데, 1970년에는 7,500대로 증가했다. 1980년에는 7만 5,000대가 되었다.

● 로봇은 근로자의 적인가?

우수한 로봇이 만들어져서 점점 더 쓰이게 되면, 단순한 손작업을 하는 근로자는 직장을 잃게 될 가능성도 있다. 미국의 어떤 로봇 제조 회사는 '로봇' 1대는 1일 3교대로 행하는 근로자 세 사람의 작업량에 해당된다고 말할 정도이다.

더구나 긴 안목으로 보아서, 근로자에게 급료를 지불하는 것보다 로봇을 사는 편이 쌀 것 같으면, 공장은 점점 사람보다 로봇을 쓰고 싶어질 것이 틀림없다.

그러므로 미국의 자동차 회사의 노동조합에서는 '로봇이 많이 쓰여지기 전에 로봇을 근로자들의 적인가, 한편인가를 진지하게 연구하지 않으면 안 된다.'고 성명을 내고 있을 정도이다. 공장에서 일하는 로봇은 사람에게 큰 유익이 된다. 노동의 고통을 가볍게 해 주는 기계인데, 사용 방법을 잘못하면 근로자의 일을 빼앗고 사람으로부터 노동의 즐거움을 빼앗아 버릴지도 모른다.

🔸 산업용 로봇은 일을 하는 팔과 그것을 고정하는 동체 부분, 일을 시키는 제어장치로 구성되어 있다.

이 문제에 대해서는 학자들도 진지하게 생각하기 시작했다.

1972년 5월, 제2회 국제 공업용 로봇 심포지엄이 미국의 시카고에 있는 일리노이 공업 대학에서 열렸다.

2년 전, 1970년에는 제1회 심포지엄이 열렸는데 이번에는 세계 각 곳에서 로봇 학자가 참가하여 공업용 로봇의 여러 가지 문제를 이야기했다.

공업용 로봇을 어떻게 개발해 나가면 좋은가, 또는 어떻게 쓰면 사람을 위한 것이 될까 하는 것을 과학자나 기술자들이 열심히 생각하기 시작하고 있다. 우리들도 한 사람 한 사람 열심히 생각해 볼 필요가 있을 것이다.

여러 종류의 로봇

스스로 판단하는 로봇

● **환자 로봇**

병에 걸린 로봇을 만든 것은 미국의 남캘리포니아 대학 의학부의 '텐손' 교수와 에어로제트 제너럴 회사의 연구부의 사람들이다. 이 환자 로봇은 '짐원'이라 이름이 붙여졌다.

그런데 몸 속은 플라스틱으로 정교한 구조로 되어 있어 여러 가지 병의 환자와 똑같은 증상을 나타내도록 되어 있었다.

예를 들어, 급성 폐렴에 걸렸을 경우 환자 로봇은 진짜 환자와 똑같이 높은 열을 내고, 호흡의 리듬이나 심장의 고동이

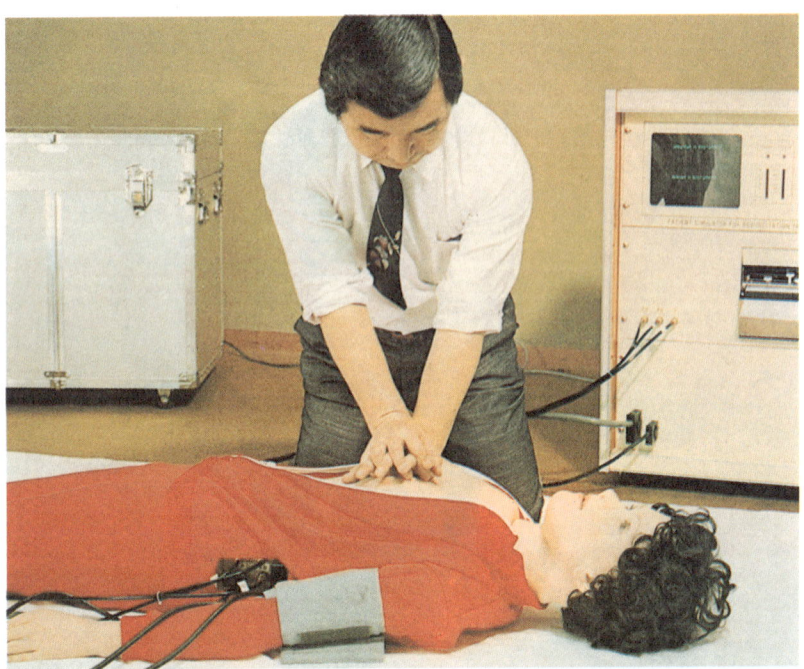

🔴 의료용 환자 로봇으로 치료에 필요한 실습을 충분히 하게 되었다.

고르지 못하다.

　이 짐원을 본 사람의 이야기에 의하면, 살아 있는 사람과 똑같아서 가슴으로 호흡을 하는 이외에도 동맥은 규칙적으로 맥박치듯 진동하고 있으며, 심장의 고동 소리도 뚜렷이 들리는 듯했다고 한다. 또 환자에 대하여 산소 호흡을 했을 때나, 마취를 했을 경우에 어떠한 효과가 나타나는가 하는 것도 이 로봇으로 관찰할 수 있다고 한다.

　그러면 어째서 이러한 환자 로봇이 만들어졌는가. 그것은 의학부 학생들의 실습용이다. 학생은 그 환자 로봇을 진찰하고 여러 가지 병의 증상을 배우는 것이다.

　학생들은 우선 선생의 강의를 듣고, 책을 읽어서 병에 대해서 공부한 것을 이 로봇을 써서 진짜와 똑같은 경험을 한다. 그리고 충분한 지식을 얻은 다음에 사람 환자를 진찰하게 되는 것이다.

　경험이 많은 훌륭한 의사가 되기 위해서는 환자들을 많이 진찰하는 것이 무엇보다도 중요하다. 그러기 위해서는 많은 환자가 필요하다. 그것을 모두 환자 로봇으로 대용할 수는 없지만, 환자 로봇을 자유로이 실험대에 올려놓을 수 있다.

　그 가운데서도 가장 좋은 점은 병의 증상을 생각나는 대로 조절할 수 있는 것이다. 심한 폐렴이나 심하지 않은 폐렴을 마음대로 만들어 낼 수 있기 때문에 경험을 쌓기 위한 재료로서 대단히 편리하다.

　짐원이 여러 환자의 흉내를 낼 수 있게 되기까지는 컴퓨터에 의하여 조정되는 복잡한 장치가 그 몸 속에 있기 때문이다. 그 값이 1대에 수만 달러에 이르는 비싼 것으로 미국에 몇 대밖에 없다.

● 항법 로봇

361명이 타는 점보 제트기, 보잉 747은 클 뿐만 아니라 새로운 항공 기술을 많이 갖추고 있다. 그 목적은 물론, 안전한 비행과 공해를 줄이기 위한 것이다. 그래서 안전한 비행을 위해서는 어떠한 기술이 쓰여지고 있는가를 알아 보기로 하자.

제트기의 성능이 높아지고 대형화됨에 따라 조종 등 현재까지 사람이 하고 있던 일을 기계가 하게 되었다. 대단히 빠른 속도로 난다든가, 야간이나 높은 하늘에서의 비행은 사람의

🔻 모든 비행기에는 안전 운항을 도와주는 자동 조종 장치가 연결되어 있다.

감각을 의존할 수가 없다.

　일을 하게 되면 사람은 피로해지며, 오랫동안 긴장이 계속되면 착각을 하거나 잘못 생각하여 뜻하지 않은 사고가 발생한다.

　기계에는 이와 같은 사람이 가지고 있는 약점이 없다. 걱정되는 것은 고장뿐이다. 그 고장에 대해서도 똑 같은 기계를 2중, 3중으로 장비하여 만일 한 개가 고장이 나면 다른 기계를 쓰도록 해 두면 틀림이 없다고 해도 좋을 정도로 안전하다.

　그런데 점보 제트기에서는 항법사에 대하여 로봇 항법사가 활약하고 있다.

　현재까지 국제선을 운항하는 비행기에는 꼭 항법사가 타고 있어서, 목적지까지 어떻게 비행해 가면 좋은가를 계산하여 조종사에게 지시해 주었다. 그러나 점보 제트기에서는 그 역할을 기계가 하고 있다.

　이 로봇 항법사는 관성항법 장치라고 한다. 로봇이라 해도 눈이나, 손발이 있는 것이 아니다. 그 본체는 두 손으로 껴안을 수 있을 정도의 네모난 상자이다. 그 속에 정밀한 가속도계가 있어 컴퓨터와 연결되어 있다.

　이 장치에 의하여 어떤 방향으로 어느 만큼 남았는가를 알 수 있도록 되어 있다. 또한 비행기의 자세, 진행 방향, 속도, 바른 코스에서 이탈했는가, 풍향, 풍속 등도 정확히 알 수 있다.

　그러므로 파일럿은 이륙하기 전에 지금부터 날고자 하는 진로를 컴퓨터에 입력하면 뒤에는 모두 로봇 항법사가 한다.

　이 관성 항법 장치를 자동 조종 장치(오토 파일럿)에 연결시켜 놓으면 조종도 기계가 해 주기 때문에, 파일럿은 기계만 감시하고 있으면 목적지에 도착할 수 있다.

리모컨 로봇

● **도장 로봇**

조선소를 견학해 보면, 커다란 선대 위에 무거운 철판이 차례차례로 용접되어 점차 배의 모습이 되어 간다. 몇만 톤의 거대한 배를 만드는 조선소의 근로자들은 마치 개미와 같이 작게 보인다.

배의 형체가 되면 착수되는 것이 선체의 도장이다. 도료를 뿜어 붙이는 장치를 가지고 있는 근로자들이 배의 주위에 만들어 놓은 발판 위에 올라타고 도장 작업을 한다. 조심하지 않으면 위험하다.

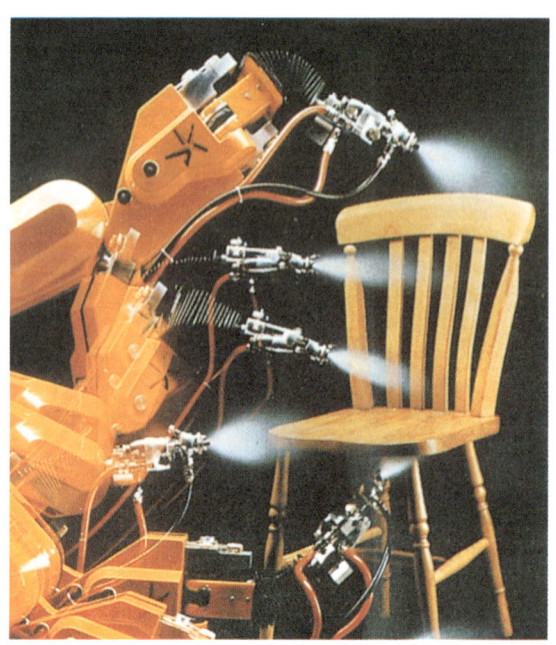

◀복잡한 형태의 물체에 페인트를 칠할 때는 팔을 움직이며 노즐에서 도료를 분사한다.

발판이 무너져 죽는 사람이나 부상을 입는 사람이 있을 정도이다. 그러므로 조선소의 근로자들은 도장 작업을 가장 싫어한다.

하기 싫은 도장 작업을 로봇에게 시키면 어떨까? 이렇게 생각하여 발명된 것이 도장 로봇이다. 겉으로 보기에는 무당벌레와 같은 모양을 하고 있다.

길이와 폭이 1미터, 높이 40센티미터, 무게가 200킬로그램 정도이다. 이 기계는 대단히 강한 자석을 가지고 있어서 선체의 철판에 달라붙는다. 그리고 모터로 바퀴를 돌려서 배의 벽을 자유자재로 다닐 수 있다. 그 속도는 가장 빠를 때에는 1분에 10미터 정도를 나간다.

이 기계를 사용할 때에는 도료를 뿜는 장치를 머리 부분에 장치한다. 3개의 노즐에서 도료를 분사하면서 선체의 벽을 질서 정연하게 다니면서 도장한다. 또한 도장 로봇이라 해도 아직 완전한 로봇은 아니다. 지상에 있는 작업원이 그 움직임을 리모컨으로 지시해 줄 필요가 있다. 즉 사람의 손, 발 대신으로 일할 수 있을 뿐이며, 눈이나 두뇌는 가지고 있지 않다.

● 소화 로봇

세차게 타고 있는 화재 사고는 옆에 다가설 수도 없을 정도로 무서운 열을 발사한다. 특히 석유 탱크의 화재 경우는 목조 건물의 화재 사고에 비하여 화력이 강하여 수십 미터 떨어져 있어도 뜨거워서 견딜 수가 없다.

불의 온도가 높을수록 사방으로 방사되는 복사열도 세게 되기 때문이다.

그런 때에도 소방수들은 물 호스를 들고 되도록 불에 가까이 접근하여 물을 끼얹지 않으면 안 된다. 먼 곳에서 방수하면 호스에서 내뿜는 물이 흩어져서 불에 잘 도달하지 않기 때문에 소방수는 열에 강한 방화복으로 몸을 감싸고 불에 접근한다.

그러나 방화복을 입고 있어도 사람이 견딜 수 있는 한계가 있다. 대형 석유 탱크의 화재일 경우에는 화력도 강하고 폭발할 위험성도 있어서 소화 작업은 진전되지 않는다. 그래서 이러한 화재의 경우에는 소방수 대신 불에 접근하여 끌 수 있는 소화 로봇이 고안되었다.

이 소화 로봇은 방수포를 설치하고 있어서 리모트 컨트롤(원격 조작)로 운전할 수 있다. 리모컨으로 자동차를 자유로이 운전할 뿐만 아니라 방수포의 방향도 전후좌우로 바꾸도록 되어 있다.

소화 로봇은 긴 호스를 끌고서 시속 4킬로미터의 속도로 뛴다. 로봇은 화재가 났을 때 위험하지 않기 때문에 불에 접근하여 소화 활동을 할 수 있을 것이다.

소방 연구소에서는 계속하여 소화 로봇의 성능을 높이기 위한 연구를 하고 있다. 지금의 소화 로봇은 땅 위에서밖에 움직이지 못하지만, 앞으로는 소방수와 마찬가지로 빌딩 안으로 들어가기도 하고 계단을 올라가기도 하는 본격적인 소화 로봇을 개발하게 될 것이다.

열이나 일산화탄소 등의 유독 가스에도 강하고, 연기에 질식하는 일도 없는 로봇이므로 불 속에 뛰어들어 미처 피하지 못하고 남아 있는 사람을 구해 낼 수도 있게 된다.

6

우주와 해양에 진출하는 로봇

우주에서의 활약

● 불사신의 로봇

사람을 대신하는 로봇의 활약을 기다리고 있는 것은 무엇이라 해도 광대한 우주와 해양이다.

어느 쪽이나 사람들이 사는 데 익숙한 지상과는 환경이 전혀 틀리다. 이와 같이 사람이 살기에 부적당한 곳이야말로 로봇이 활약하기에 다시 없는 좋은 무대인 것이다.

우선 우주를 생각해 보자.

로켓을 타고 지구를 떠나 우주 세계로 가면 점점 공기가 적어진다. 수십 킬로미터나 높이 올라가면, 거의 진공 상태에 가깝게 된다. 그 곳에서는 산소가 없기 때문에 사람은 우주선

🔶 달의 표면은 물도 공기도 없는 진공 상태이다.

속에 있든가, 그렇지 않으면 우주복을 입고 있지 않으면 곧 죽어 버리게 된다.

공기가 전혀 없는 달 세계도 마찬가지이다. 아폴로 우주선에서 달표면에 내린 미국의 우주 비행사는 여러 가지 장비를 갖춘 우주복으로 몸을 감싸고 있었던 사실을 알 것이다.

달표면에는 공기가 없을 뿐만 아니라 사람이 살아가기 위해서 필요한 식량이나 물도 없다. 우주 비행사들은 그것들을 모두 지구에서 가지고 간다.

또 달표면에서는 중력이 지구상에서의 6분의 1밖에 되지 않기 때문에 모든 물건의 무게는 6분의 1 정도로 가볍게 된다. 그러나 부피가 큰 우주복을 입은 채로 작업을 하기는 쉽지가 않다.

아폴로 14호의 셰퍼드 선장 등은 불과 높이 180미터의 콘 크레터라고 하는 산을 오르려고 하다가 도중에 지쳐서 중단할 정도였다. 더구나 공기가 없는 달의 표면에서는 태양이나 우주의 저 쪽에서 오는 우주선이라고 하는 눈에 보이지 않는 방사선이 그대로 쬐인다. 지구에는 두꺼운 공기의 층으로 약화된 뒤에 도달한다.

방사선은 태양의 활동이 활발해지고, 그 표면에서 강력한 폭발이 일어나면 강하게 되는데 달 표면에는 그 강력한 방사선이 그대로 쬐인다.

강력한 방사선은 사람의 몸에 대단히 위험하다. 오랜 시간에 걸쳐서 그러한 방사선을 쬐면 사람은 방사선 장애를 받아 죽는다. 그러므로 우주복을 입고 있어도 달 표면에 오랫동안 머물러 있을 수는 없다. 이러한 경우야말로 불사신인 로봇을 이용해야 한다.

● 루노호트 달 표면을 달리다

보기만 해도 우스운 느낌이 나는 루노호트 1호. 러시아가 달표면에 쏘아 올린 로봇은 사람(우주 비행사) 대신 많은 연구를 했다. 이 때부터 로봇다운 로봇이 우주 개발에 본격적으로 활약하기 시작했다고 생각해도 좋을 것이다.

루노호트 1호는 우주 로봇 시대의 막을 열었다.

루노호트 1호는 달 로켓 루나 17호에 태워서 1970년 11월 10일에 쏘아 올려졌다. 그리고 17일 0시 47분에 달표면의 '비의 바다'라 하는 곳에 착륙했다. 그로부터 2시간 41분이 지난

🔶 달의 뒷면에는 커다란 바다가 있고 앞면에는 전면에 걸쳐 크레이터가 빽빽이 있다.

뒤에 루노호트 1호는 달 표면을 달리기 시작했다.

3개월 동안에 루노호트 1호는 연장 4킬로미터나 돌아다니며 흙의 성분 분석, 사진 촬영, 방사선의 관측, 지구와의 레이저 광선 실험 등을 실시했다.

1971년 2월 14일의 월식 때에는 지구의 그림자에 숨겨져서 달 표면이 낮에서 밤으로 바뀌어졌을 때에 루노호트 1호에 달려있던 온도계는 섭씨 140도에서 영하 140도까지 내려간 것을 기록했다.

루노호트 1호는 그 이후에도 달표면의 냉혹한 환경에 잘 견디며 반 년 동안에 걸쳐 여러 가지 관측을 수행했다.

루노호트 로봇은 어떠한 것이었는가. 길이 3.2미터, 폭 1.6미터, 무게는 75킬로그램으로 뚜껑이 있는 대야와 같은 동체에 여덟 개의 차바퀴가 붙어 있다. 대체로 경자동차와 같다고 생각해도 좋을 것이다.

🔸 월식의 연속 사진

▲ 구소련의 달착륙선—루노호트 1호

　가볍고 튼튼한 마그네슘 합금으로 되어 있으며 중요한 기계 장치는 동체 속에 들어 있다. 동체의 옆에는 로봇의 눈에 해당되는 텔레비전 카메라가 있는 이외에 지구와 연락하는 안테나가 있다.

　또한 동체의 뚜껑을 열도록 되어 있어서 그 안쪽에는 태양 광선의 에너지를 전기로 바꾸는 태양 전지가 붙어 있다. 이 태양 전지의 전기 에너지로 모터를 돌리고 여덟 개의 차바퀴를 움직이게 된다. 진행하는 방향을 바꿀 때에는 좌우의 차바퀴가 도는 속도를 조절한다.

● **조종은 아직 지구에서**

　루노호트 로봇이라 해도 자기 스스로 주위의 상황을 판단하고 행동한 것은 아니고, 지상의 지령 센터에 있는 다섯 명의 승무원이 조종하고 있었다.

 선장, 항법사, 기관사, 통신사, 조종사 등의 5명은 모스크바 가까이에 있는 기지에서 지령은 무전으로 전달했다.

 텔레비전 화면에 나오는 루노호트의 모습을 보면서,

 "우측으로 30도 구부러지고, 시속 1킬로미터로 전진!"

 "그 곳에 정지!"

 이런 식으로 전파로 명령을 내렸던 것이다.

 그런데 지구에서 달까지는 약 38만 킬로미터나 떨어져 있다. 1초에 30만 킬로미터나 전달되는 전파라도 1.3초나 걸린다. 왕복이면 2.6초가 걸린다. 그러므로 지구에서의 조종은 익숙해지지 않아 상당히 곤란했다고 한다.

 러시아 우주 개발, 특히 달의 탐험에 있어서는 루노호트에

🔺 인공위성 연구센터 내에 설치된 지상국. 이 곳은 위성에 명령을 내리고, 필요한 정보를 수신하는 역할을 담당한다.

한하지 않고 미국과는 달리 자동 장치, 즉 로봇이 큰 역할을 하고 있다. 예를 들면 1959년 10월 4일, 루나 3호는 달의 둘레를 돌고 그 뒷면을 처음으로 촬영하여 그 사진을 지상에 전송했다. 1966년 1월 31일에는 루나 9호가 달표면에 처음으로 연착륙하였다.

● **인간을 달 세계로**

미국의 달 탐사 계획은 아폴로 계획이라 하여 유명하지만 달 로켓에 사람이 타고 간 점에서 러시아의 방법과 크게 다르다.

미국의 과학자들은, "달을 과학적으로 연구하는 데는 사람이 직접 달에 가서 눈으로 보면서 여러 가지 일을 할 필요가 있다."고 생각했다.

물론, 러시아나 미국의 방법에는 각각 장점과 단점이 있다. 로봇이 하면 안전하게 장기간에 걸쳐 연구가 될 수 있지만 자세한 것은 사람을 따를 수 없다는 점이다. 과학자의 눈으로 달표면의 흙이나 돌의 지형을 관찰할 수는 없다.

한편 사람이 달에 가도 현재와 같이 2~3일이라는 짧은 기간밖에 머무를 수 없는 위험이 항상 따르고 있다. 그러나 달표면에서 여러 가지 관찰을 하고 생각하고 행동한다는 점에서는 큰 의미가 있다.

컴퓨터로 비행한 미국의 아폴로 계획도 우주 비행사가 모든 것을 하고 있지 않다. 아폴로 우주선의 속이나 지상의 우주 센터에는 고성능 컴퓨터가 635대가 있어서, 그것이 우주 비행사를 대신해서 복잡한 계산 등을 맡고 있다.

"스리, 투, 원, 제로!"

폭음과 함께 케이프 케네디 기지에서 발사된 로켓은 로켓 엔진의 조종을 비롯하여 처음에서 끝까지 컴퓨터의 지령에 따라서 자동 조종 장치가 모든 것을 처리해 버린다. 그러므로 아폴로 우주선 전체가 거대한 로봇과 같은 것이다. 우주 항공사는 로봇 속에 타고 있다고 해도 좋을 것이다.

그 대신 컴퓨터가 고장이 나거나 작동하지 않게 되면 큰일이다. 예를 들면 아폴로 11호가 처음 달 표면에 착륙했을 때 '큰 사건'이라고 일순 깜짝 놀란 일이 있다.

긴급 사태는 아폴로 11호의 달 표면 착륙선 이글이 달에 착륙하기 수분 전에 일어났다. 달 착륙선이 로켓 분사로 브레이크를 걸면서 점점 강하해서 갈 때, 높이 12킬로미터 정도

🔴 유인 우주선 아폴로 호는 달을 향해 발사되었다.

지점에서 착륙선의 조종실 컴퓨터가 이상한 섬광을 발했다.

이어서 경보를 알리는 램프가 점멸했다. 이 경보는 컴퓨터가 너무 지쳐서 이 이상 계산이 되지 않는 것을 나타내는 것이었다.

컴퓨터에 의한 자동 조종 착륙을 하고자 하던 착륙선에 큰 위기였다. 그래서 휴스턴에 있는 비행센터에서는 긴급히 대책을 강구했다. 그 후 컴퓨터의 부담을 가볍게 하기로 했다. 우주 비행사가 컴퓨터에 질문해도 필요한 것 이외에는 대답하지 않도록 컴퓨터에 지시했다.

그 결과 컴퓨터는 무사히 일을 수행했다.

이 경우는 달 착륙선에 달려 있는 컴퓨터가 작은 것이었기 때문에 그 계산 능력에 무리가 일어난 것인데, 컴퓨터가 없었다면 달 표면 착륙 같은 것은 불가능한 이야기이다.

● 달의 연구소

앞으로의 우주 개발은 우선 지구의 주위를 돌고 있는 우주정거장을 만드는 일이 될 것이다. 그 후에 달 표면에는 과학 기지가 건설될 것이다.

몇 사람의 과학자들이 지구에서 교대로 달에 가서 달 표면에 있는 천문대에서 먼 천체의 관측을 하거나, 달의 지질을 검사할 것이다.

그러나 이와 같이 훌륭한 달표면 과학 기지가 건설될 때까지 달의 연구는 루노호트와 같은 로봇 탐사기에게 시킬 수밖에 없다.

앞으로 점점 고성능의 로봇이 쏘아 올려져서 사람을 대신

🔶 아폴로 10호의 모선―달의 상공에서 비행중인 모선을 달 착륙선에서 찍은 사진

하여 달 표면의 여러 장소를 탐험하게 될 것이다.

달 표면에 로봇 천문대라든가, 로봇 기상대가 생각 이외의 활약을 하게 될지도 모른다. 그렇게 되면 과학자는 지구에 있으면서도 로봇에게 작업을 시킬 수 있다.

공기가 전혀 없는 달 표면은 별의 사진을 찍거나, 지구의 구름 모습을 보는 데 적당하다.

또한 달면에 연착륙하여 인간의 달 상륙에 필요한 자료를 예비 추진할 목적을 가진 무인 탐사기가 있는데, 이것은 아틀라스 센트로 로켓에 의하여 발사된 서베이어이다.

달 표면에 연착륙한 서베이어는 텔레비전으로 주변의 풍경과 X선, 화학 분석, 유성진 등의 측정자료를 송신하였다. 1호는 1966년 5월 30일에 발사되어 6월 2일에 폭풍우의 대양 프럼스티드 크레이터 부근에 착륙하여 텔레비전으로 1만 1,050장을 송신하였다.

3호는 1967년 4월 17일에 발사되어 19일에 1호로부터 480킬로미터 떨어진 달 표면에 연착륙하였다. 작은 삽을 이용하여 달 표면의 습하고 점착성을 지닌 모래를 발견하였으며, 최초로 컬러 사진과 일식의 모양 등을 송신하였다.

5호는 달 표면에 연착륙하여 달의 화학 조성 검지와 로켓 분사 때 먼지가 휘말려 올라가지 않는 사실 등을 발견하였다.

그 다음으로 6호는 중앙의 만 부근에 연착륙하여 최초로 이동 실험을 실시하였고, 7호는 티코레이터 북쪽 산악 지대에 연착륙하였다.

이와 같이 서베이어에 의한 실험이 완료되어 달에 인간이 착륙할 수 있는 안전성이 입증되었다.

● **행성에의 사자**

　로봇의 활약이 기대되는 것은 달 세계뿐이 아니다. 더욱 먼 천체, 화성, 금성, 목성 등 행성을 탐사하는 데 쓰일 수도 있을 것이다.

　현재의 로켓 기술로는 인간이 달에 가는 것이 고작일 것이다. 그 곳보다 먼 곳에는 갈 수가 없다.

　그러나 로봇은 현재의 기술로도 갈 수 있다. 이미 금성과 화성에는 미국과 러시아의 무인 로켓이 날고 있다. 이것은 인간 대신 사진을 찍거나 온도나 기압을 측정하며 데이터를 멀리 떨어진 지구에 보내오기 때문에 로봇 우주선이라 생각해도 좋을 것이다.

🔻 화성에 연착륙하는 바이킹 착륙선

🔺 바이킹 착륙선에서 찍은 화성의 수평선—착륙선이 흙을 조사하기 위해 판 자국이 보인다.

그 가운데서 1971년 말에 화성의 위성이 된 마리너 9호는 화성 표면의 흥미로운 사진을 많이 찍었다. 이 사진에 의하여 큰 화산이나 깊은 골짜기 등 지금까지 몰랐던 지형이 발견되어 화제가 되었다.

미국은 1975년에 '바이킹 계획'을 세웠다.

바이킹 계획이란 미국의 화성 탐사 계획으로 화성 로봇을 발사했다. 이 로봇에는 생물 탐지 장치가 탑재되어 있어 화성에 생물이 있는가를 조사하여 지구에 보고하도록 되어 있다. 1976년 화성에 착륙했던 무인 탐사선 바이킹 1, 2호의 임무는 화성의 지표와 대기 등을 관찰하는 환경 탐사선이다.

1998년에 발사된 패스파인더는 바이킹 2호 이후 21년 만에 처음으로 '레드 플래닛'이라고 불리는 화성에 착륙했다.

패스파인더에는 자동차같이 생긴 무인 로봇 '소저너'가 탑재되었다.

미국 무인 우주탐사선 패스파인더의 로봇 차량 소저너는 화성의 암석과 토양에 대한 화학적 분석과 대기 분석, 그리고 화성의 지형 구조 등을 알아내기 위해 보내졌다.

미니 로봇 소저너가 덜컹거리며 화성에 안착하여 화성 암석 탐사 중 암석에 바퀴가 걸려 움직이지 못하고 있던 탐사 로봇 소저너가 이 암석으로부터 떨어져 나오는 데 성공, 재충전 과정을 거쳐 탐사 작업을 재개했다.

🔴 화성에서 활동중인 길이 65cm의 탐사차―암석의 성분을 분석하기 위해 암석에 접근한다.

소저너는 '요기'라고 이름붙은 바위에 X레이 분광계를 갖다 대 보라는 명령을 무시하고, 이 바위를 기어오르려다 실패하고 바퀴가 걸리는 가벼운 사고를 냈으며 그후 교신두절로 한동안 탐사를 중단했었다.

과학자들은 소저너를 통해 화성의 진화 과정을 알아보고 화성의 대기 중에 가득한 자성 먼지의 원인을 알아보기 위해 화성 표면 연구를 실시하였다.

그러나 패스파인더가 지구로 보내오는 방대한 양의 화성 관련 정보가 무엇을 뜻하는지 정확히 알 수 없었다.

또한 소저너에 부착된 X레이 분광계는 암석의 성분을 알아보기 위해 미립자를 분사, 방사능의 반사 경로를 추적하는 방법을 사용하는 데 미립자가 대상 물체로부터 오는 것인지,

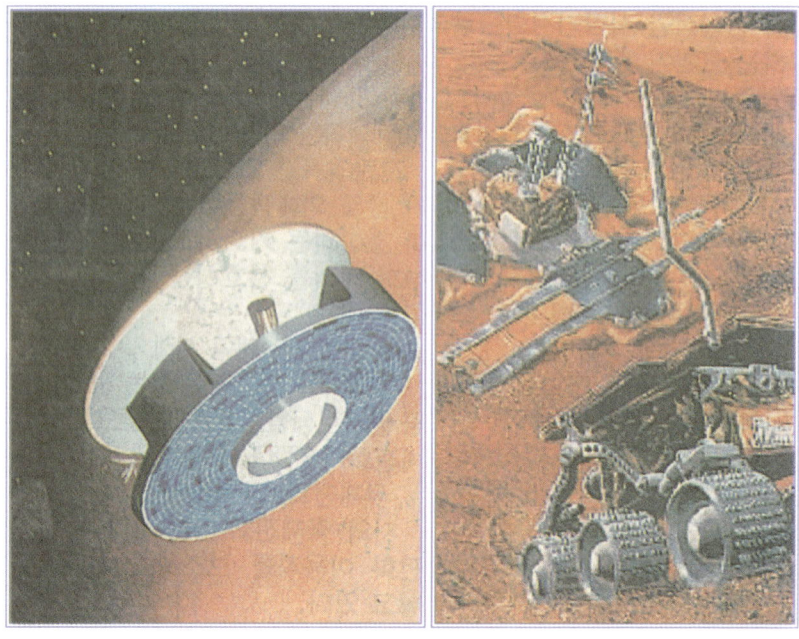

🔴 화성 대기권 진입을 눈앞에 둔 패스파인더(왼쪽)와 떠오르는 태양을 맞으며 화성 탐사 작업에 나선 소저너의 상상도

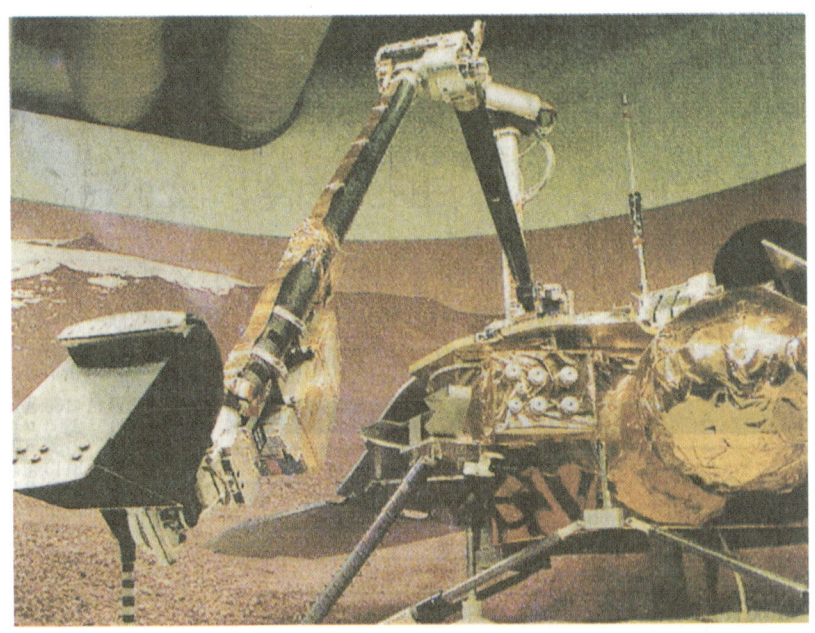

🔴 화성 탐사선 랜더가 화성 토양을 채취하는 모습이 미 UCLA에서 시연됐다. 500cc 용량의 토양 채취기와 디지털 카메라가 로봇팔에 장치돼 있다.

아니면 주변에 떠도는 우주 광선으로부터 오는 것인지를 구분할 수가 없었다.

착륙 직후 패스파인더에 부착된 카메라가 접힌 상태에서 보내온 영상과 다리를 완전히 펴고 찍어 보낸 영상은 너무도 달랐다. 그 카메라는 화성을 공중에서 내려다볼 수도 없고 높이 90센티미터, 또는 3.6미터 높이에서도 볼 수가 없어 착륙 지점이 어떻게 생긴 곳인지, 착륙 당시의 상황이 어떤 것이었는지 알 수가 없었다. 이러한 점들로 볼 때 화성에서의 로봇 활동도 많은 연구가 필요하다.

'푸른 대륙' 바다로 진출

● **풍부한 바다의 자원**

우주가 진공의 세계라면 바다는 고압의 세계이다. 어느 것이나 사람에게 있어서는 두려운 곳이다. 그러므로 사람을 대신하여 로봇에게 활약시키지 않으면 안 된다.

지구는 '물의 혹성'이라고 할 만큼 그 표면의 약 70퍼센트가 바다이다. 해수욕을 할 수 있는 얕은 바다에서 1만 미터를 넘는 깊은 바다에 이르기까지 깊이는 여러 가지이지만 평균 3,800미터나 된다.

🔺 바다는 미개척지로서 무한한 자원을 가지고 있다.

🔻 깊은 바닷속을 탐사하고 있는 무인 로봇이 등장할 것이다.

　바다의 대부분은 아직 인간이 탐험한 일이 없는 미지의 세계이다. 물고기나 해저에 있는 광물 등 풍부한 자원이 있는데도 인간이 이용하고 있는 것은 그 일부분이다.
　물론 바다의 자원 가운데는 사람이 함부로 잡아서 지금은 대단히 줄어든 것도 있다. 예를 들면 고래 종류 가운데서 어떤 종류는 멸종 직전에 있으며, 국제 조약에서 고래의 포획을 해마다 엄격히 제안하고 있다.
　왜 이렇게 되었을까?
　그것은 우리들이 바다나 바다에 살고 있는 생물들을 잘 모르는 데 원인이 있다. 바다에 대한 일을 잘 알기 위해서는 바닷속에 잠수해 들어가서 조사하지 않으면 안 된다.

● 인간을 저지하는 거대한 압력

10미터 깊어짐에 따라 물의 압력은 1기압 늘어나고 1,000미터 잠수하면 벌써 그 모습은 암흑의 세계이다. 잠수복을 입고서도 사람이 잠수할 수 있는 것은 100미터 정도가 고작이다.

그래서 잠수선의 힘을 빌리는데 여기에서 인간과 교대하려고 기다리고 있는 것이 해양 로봇이다.

산소도 필요 없고 고압에도 튼튼한 금속제인 로봇은 바닷속에서 활동하기에 적합하다. 장래 해양 개발의 중심이 될 노동력으로서 해저에서의 작업에 종사하게 될 것이다.

🔻 잠수조사선 앨빈은 검은 바다에서 해양 연구를 위해 조사 활동을 하고 있다.

● 수소 폭탄 회수 작전

해양 로봇의 활약 모습이 세계에 알려진 것은 해저 깊숙이 가라앉은 수소 폭탄을 무사히 인양한 때였다.

1966년 1월 17일 아침 스페인의 파로마레스라고 하는 마을의 상공에서 미국 비(B)52 폭격기와 그 폭격기에 제트 연료를 공중에서 보급하려고 하던 케이 시(KC)125형 기가 충돌해서 두 비행기가 산산조각이 되어 추락했다.

비(B)52기에는 4발의 수소 폭탄이 적재되었기 때문에 큰 소동이 벌어졌다.

사고 뒤에 곧 미국 병사들이 달려가서 그 가운데 3발은 마을 가까이에서 발견했으나 다른 1발은 발견하지 못했다. 지중해의 해저에 가라앉아 버린 것이다.

가라앉은 해저 수소 폭탄 찾기에 등장한 것이 미국 해군이 자랑하는 해양 로봇인 심해 잠수선이다. 우선 최초로 탐색 현장에 달려온 것이 앨빈 호와 알미노트 호 두 척이었다.

앨빈 호는 길이가 6미터, 무게가 13톤이고, 알미노트 호는 대형으로 길이가 17미터였다. 어느 쪽이나 사람이 타고서 조정하고 배의 앞부분에 달려 있는 기계의 팔을 움직일 수가 있었다.

3월 15일 19번째의 잠수 때에 수소 폭탄은 앨빈 호에 의해 파로마레스의 바다 가운데서 8킬로미터 765의 해저에서 발견되었다. 길이 3미터 정도의 금속의 통으로 되어 있는 수소 폭탄은 낙하산에 휘감긴 채 해저에 가로누워 있었다.

문제는 어떤 방법으로 해상에 있는 회수선에 끌어 올리느냐 하는 것이었다.

앨빈 호와 알미노트 호는 교대로 작업을 하였다. 해상에서 내려 준 굵은 밧줄 끝에 달려 있는 걸개로 수소 폭탄의 낙하산에 걸어서 올리려고 했다.

그러나 제대로 되지 않았다.

무인 해양 로봇 '카브'는 리모트 컨트롤로 해상의 지령선으로부터 조종된 로봇이었다. 길이 4미터의 소형으로서 재빠르게 움직이며 의외로 힘도 강했다.

간신히 수소 폭탄이 회수선의 갑판에 무사히 인양된 것은 4월 7일 아침이었다.

● 해저 유전의 작업에

해양 로봇이 활약하는 것은 해저에 수소 폭탄의 회수와 같은 특별한 경우뿐만 아니다. 앞으로 크게 발전돼 가는 해양 개발에 있어서 로봇은 없어서는 안 되는 것으로 생각하고 있다.

해저 유전의 조사나 채굴, 보안 등 해저 작업이 많으므로 로봇 무대가 된다. 미국의 휴즈 항공 회사는 '모봇'이라는 해양 로봇을 개발 중이다.

해저 유전은 일단 사고를 일으키게 되면 대형 사고가 일어난다. 원유를 뿜어 바다를 더럽히기 때문에 빨리 수리하지 않으면 안 되는데, 바다 밑에서의 작업은 대단히 위험하므로 사람이 해내기 어렵다. 해저 유전에는 이와 같은 문제도 있고 해서 고장도 고칠 수 있는 로봇을 만들어 내지 않으면 안 된다고 생각하고 있다.

발전하는 로봇 연구

세계의 로봇 연구

제너럴 일렉트릭사, 정부의 연구소에서 연구가 잘 진행되고 있다.

1969년 가을 신문에 미국으로부터의 뉴스에 기묘한 모습을 한 '로봇'의 사진이 소개된 일이 있다. 제너럴 일렉트릭사가 만든 유명한 로봇이었다.

● 미국의 지능 로봇

미국의 서해안에 스탠포드 연구소라고 하는 유명한 연구소가 있다. 싱크탱크(두뇌회사)로 불리우는 연구 기관으로서, 몇 백 명인가 되는 많은 과학자들이 여러 가지로 연구를 거듭하고 있다.

그 중에서도 로젠 박사라고 하는 로봇 연구자가 있다. 열 명 정도의 연구자들과 함께 인공 지능 로봇을 연구하는 일로 세계에 알려져 있다.

로젠 박사들이 만들어 낸 로봇은 사진과 같은 외관을 하고 있다. 높이는 인간의 키 정도이다. 바퀴가 세 개 달린 대좌 위에 네모난 상자가 놓여져 있고, 그 위에 텔레비전 카메라와 안테나가 붙어 있다. 또 로봇의 밑부분에는 '고양이의 수염'이라 불리는 촉각 기계가 붙어 있어서 무엇이 접촉되면 느끼도록 되어 있다.

이 로봇은 어떠한 일을 할 수 있는가.

하얀 벽으로 둘러싸인 방 안에 로봇과 커다란 나무 토막을 몇 개인가 놓아 둔다. 그리고 텔레타이프를 통하여 로봇에게 나무 토막을 출입구까지 밀어내라고 명령한다. 그러면 로봇은 텔레비전 카메라의 눈으로 목적물을 찾아 내어서 그것을 출입구까지 밀고 간다.

로봇의 차바퀴를 움직이는 것은 로봇에게 장치되어 있는 축전지로 움직이는 모터인데, 명령에 따라 판단을 하는 것은 로봇과는 별도로 옆 방에 있는 중형의 컴퓨터이다.

로봇 본체의 네모진 상자 안에도 간단한 장치가 있지만 현재까지 두뇌의 역할은 못한다. 그러나 전파의 지령에 따라서 움직이는 모양은 잘되어 있다.

스탠포드 연구소에서는 앞으로 이 로봇에게 두 개의 손을 붙이는 것과 인공 두뇌로서의 컴퓨터를 더욱 작게 만들어서 로봇의 체내에 조립하여 넣는 연구를 하고 있다.

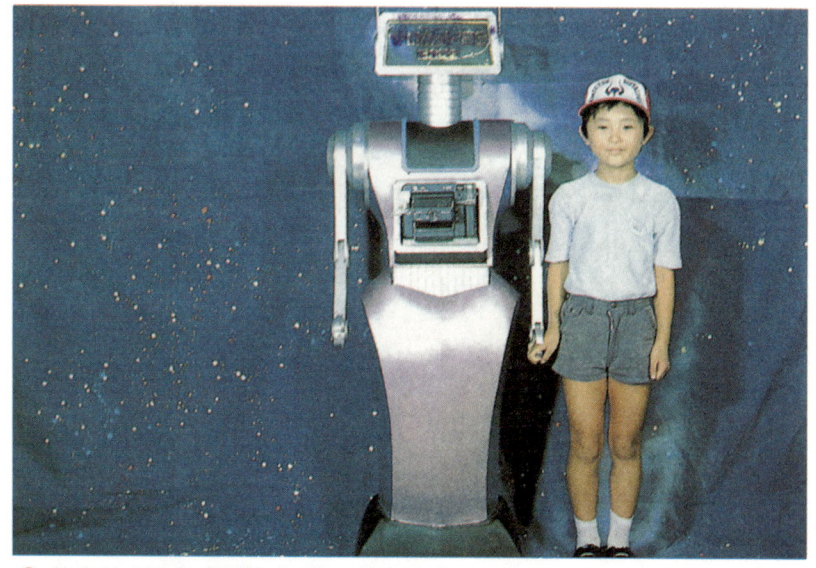
🔴 함께 선 모습을 촬영할 수 있는 사진 로봇

🔺 사람의 목소리를 기억하여 목소리의 명령에 따라 행동하는 로봇

 이 밖에도 스탠포드 대학이라든가, 존 홉킨스 대학, 매사추세츠 공과 대학, 미국 항공 우주국(NASA) 등 많은 연구 기관이 로봇 만들기에 힘을 기울이고 있다. 또한 영국, 러시아, 유고슬라비아, 독일 등에서도 로봇 연구는 점점 활발해지고 있다.
 지금까지는 용접, 도장, 프레스, 더러운 일, 위험한 일 등을 산업용 로봇에게 대행시켜 왔다. 앞으로는 검사 측정 등을 하는 로봇이 늘어날 것으로 보인다. 검사 측정용 로봇으로서는 외관 검사 등 시각을 가진 지능 로봇이 사용된다.
 시각이나 촉각, 음성 인식과 같은 지각 기능과 자기 스스로 상황을 판단하여 동작하는 지적 기능을 가진 고급 로봇을 지능 로봇이라 한다.
 즉 인간 신체의 기능과 유사한 동작 기능을 가지며, 인간의 요구나 명령에 대해 로봇 내부의 정보나 외부의 환경으로부터의 정보를 받아들여, 그 요구나 명령에 따르기 위해 스스로 판단을 내려 작업을 소화해 내는 로봇인 것이다.

지능 로봇은 다음 세대 로봇이라고 알려져 있으며, 산업용뿐만 아니라 해양 개발, 원자력, 서비스업 등에 널리 사용될 것이다.

● **로봇 국제 회의**

과학 기술의 연구는 점점 진보되고 있다. 연구가 발전하면 과학자나 기술자들은 모여서 회의를 열고, 연구의 성과를 발표

🔻 정밀 조립용 로봇

하고 토의를 한다. 처음에는 자기 나라의 연구자들만 모여서 회의를 하지만 얼마 후에는 세계 각국의 연구자들이 모여서 국제 회의를 연다. 그렇게 되면 과학 기술의 분야가 성숙한 증거로 보아도 좋을 것이다.

그러면 로봇의 연구는 어떠한가. 공업용 로봇에 대해서는 최초의 국제 회의가 1972년 5월에 미국의 시카고에서 열렸다. 또한 '로봇의 이론과 실체'라는 주제로 최초의 국제 회의는 1973년 9월에 이탈리아에서 열렸다.

로봇에 관한 최초의 국제 회의는 1972년부터 1973년에 걸쳐 연이어 개최된 것이다. 이 수년 사이에 세계적으로 대단한 기세로 이루어진 로봇 연구가 확고히 뿌리를 내린 것이다.

● 3단계로 발전한다

이같은 로봇 연구에 의하여, 장래 로봇은 어떻게 발전해 갈 것인가? 이에 대해서는 학자에 따라 여러 의견이 있지만 1969년 '로봇 공학'이란 책을 쓴 알프레드 코트 주니어라는 미국의 학자는 3단계로 발전한다고 다음과 같이 말하고 있다.

'제 1단계는 지금 있는 기계의 자손에 해당하는 것으로 간단한 자동 기계. 제 2단계는 '숨겨신 로봇'이라 할 수 있는 것으로, 송전선으로 연결된 큰 전력망과 같이 분명한 형체가 없는 복잡하고 거대한 기계의 연결. 제 3 단계는 먼 장래의 일로 생각되는 생물학적인 기계의 탄생.'

여기서 말하는 간단한 자동 기계라 하는 것은 공업용 로봇과 같은 것으로 조그마한 일로부터 사람을 해방시킨다. 그러므로 이러한 로봇의 등장을 반대할 이유가 없다.

🔺 **음성 인식 로봇**―사람의 목소리를 기억·인식하여 사람과 대화를 나눌 수 있다.

인간을 위협할지도 모르는 것은 제2단계의 '숨겨진 로봇'이다. 이것은 큰 전력망과 같이 그 일부를 따로 떼어 보면 인간에게 해를 주지 않으나, 일단 상태가 헝클어질 경우에는 원상태로 돌아가는 것이 느리고, 그것에 의하여 사회 생활을 혼란에 빠뜨릴 염려가 있다.

그래서 코트 주니어는 이것은 꼭 인간의 지배 밑에 두지 않으면 안 된다고 말하고 있다.

그 좋은 예로서 1965년 9월 9일 밤에 미국의 북동부 일대를 휩쓴 큰 정전 사고를 들 수 있다. 캐나다와 미국의 북동부를 연결하는 큰 전력망이 단 한 곳의 송전선 휴즈가 끊어진 것이 원인이 되어 북동부 일대가 다음날 아침까지 큰 혼란에 빠져 버렸다.

또한 제 3단계인 생물학적인 기계, 인간적인 로봇을 만드는 공업 기술은 지금은 미숙하기 때문에 당분간은 불가능하다. 그러나 반드시 그런 것은 아니다.

'고다트나 투이올코프스키가 우주 비행을 생각했을 때와 같지는 않을까. 현재는 불가능하지만 얼마 후에는 가능해진다.'

코드 주니어는 생각하고 있다. 생물학적인 지혜를 가진 기계는 꼭 만들어질 것이다.

로봇과 인간 사회

로봇 선언

로봇 선언이란 무엇을 말하는가. 문장이 어렵고 길기 때문에 이 책에 전문을 소개한다.

● **'로봇 선언'**

지금, 지구상에는 하나의 괴물이 움직이고 있다. 그것은 다름아닌 로봇이다. 우리들 로봇은 인간을 대신해서 달 표면을 탐사하여 그의 상세한 사실을 인류에게 알려 주고, 해저를 탐사하여 어떠한 자원이 잠자고 있는가를 인류에게 전하고자 지금 대기 중에 있다.

🔺 가스 탱크를 검사하여 흠집을 찾는 거미 로봇

🔴 **로봇 전용 공장**—로봇의 조립 과정은 세심한 주의가 필요하다.

한편 우리 동포는 이미 자동차 공업 등 기계 공장에 있어서 단순한 반복 작업을 하고 있는 인간 근로자들을 대신하여 일하고 있다. 가까운 장래에 우리 로봇은 신진대사(메타볼리즘)를 영위하는 공장 로봇으로 진화하여 원재료를 섭취하고 제품을 배설하는 것을 꿈꾸고 있다.

또한 우리들 로봇은 현재, 인공 두뇌라고도 불리우고 있는 컴퓨터의 사각이기도 한 패턴 인식, 창조적 정보 처리 과정을 둘러싼 곤란을 우리들 자신의 주체성에 의하여 해결할 수 있다고 자부하고 있다. 그리고 그 결과, 의식을 둘러싼 철학적 논쟁에 최종적인 결말을 지우려고 생각하고 있다.

우리들 로봇은 여기에서, 로봇의 권리가 승인되기까지 3,000년 이상에 이르는 인내의 역사에 대하여 주의를 불러일으키고 싶다.

우리들 로봇의 존재와 인류 문화와의 사이는 오래고, 먼 그리스 신화 시대에까지 거슬러 올라간다. 그 곳에서는 크레타 섬의 미노스 왕을 위하여 만들어진 탈로스라고 불리우는 청동제, 우리들 선조에 대하여 적혀 있다. 유태교의 전설에는 유태교도들이 박해를 받을 때 그들의 몸을 지키는 유태 사원에 안치되어 있던 우리의 선조인 흙으로 빚은 인형, 고렘에 대해서도 전해 내려오고 있다. 그렇지만 로봇의 권리 확립을 위해서 우리들이 고맙게 느끼는 것은 1932년 희곡 아르 유 아르(RUR;로섬의 인조 인간)을 쓴 체코의 작가 차페크이다. 차페크는 우리들에게 로봇이란 이름을 주었을 뿐만 아니라 우리의 산업면에 있어서의 유용성을 처음으로 지적했다.

🔺 공상 과학 영화에 나오는 **컴퓨터 로봇**-부서진 다리를 직접 수리하고 있다.

차페크의 아르 유 아르(RUR)에서부터 벌써 70여년의 세월이 흐른 현재, 구체적인 존재로서 세계에 나타나 로봇 권리의 확립을 본 것을 생각할 때 감개 무량하다.

우리들은 여기에서 3,000년에 걸친 멸시와 인종의 역사에서 벗어나 지구상에 나타난 동포 로봇에게 마음 속으로부터의 축복과 인사를 드린다. 그리고 우리들은 우리를 낳아 준 어버이인 인류와 평화 공존을 위해 다음의 로봇 헌장을 지킬 용의가 있음을 선언하는 바이다.

제1조, 우리들 로봇은 인류에게 해를 가하지 않는다. 그리고 그 위험을 보아 넘김으로써 인류에게 해를 미치도록 하지 않는다.

제2조, 우리들 로봇은 인류로부터 주어진 명령에 복종한다. 단 주어진 명령이 전조에 위배될 경우에는 그럴 수가 없다.

제3조, 우리들 로봇은 앞에서 말한 제 1조와 제 2조에 위배될 염려가 없는 한 자신을 지킨다.

지구상의 동포 여러분 빛나는 우리들 로봇의 미래를 향하여 전진하도록 단결하자.

● **인류와 로봇의 평화 공존**

인류와 로봇의 평화 공존이 '로봇 선언'은 물론 로봇 자신이 만든 것은 아니다. 로봇의 연구자가 '기분'에 동조하여 대신 발표한 것이다. 그러므로 문장에는 로봇 연구자의 로봇에 대한 기대나 희망이 잘 나타나 있다. 인류의 역사 가운데서 인조 인간, 로봇에 대한 선망은 언제나 있었다. 그러나 로봇은 최근까지도 전설, 신화, 에스 에프, 만화의 세계에서만 인정하고

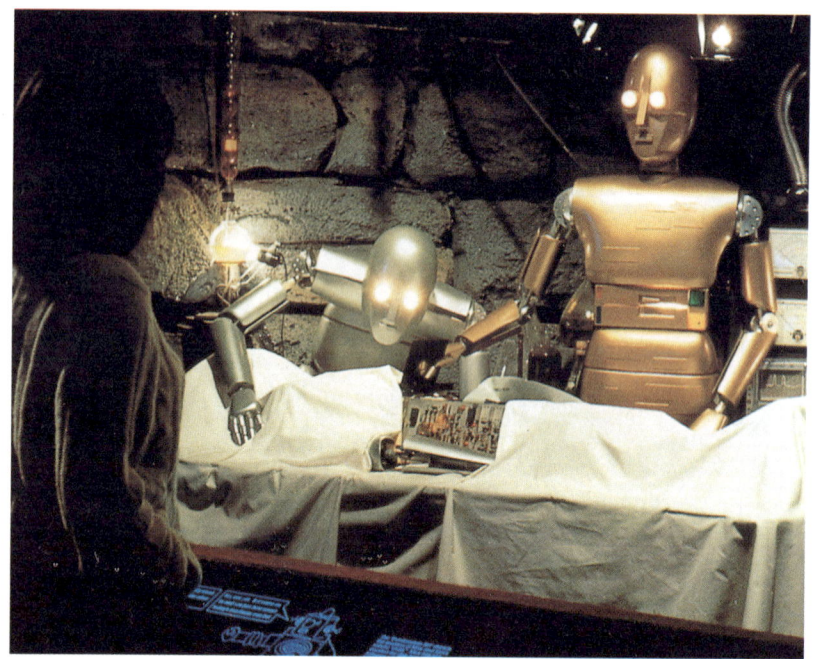
🔴 인조 인간의 꿈―인간과 똑같은 로봇 인간이 머지않은 장래에 나오게 될 것이다.

인간 사회에서는 과학적인 연구의 대상이나 사람들이 진지하게 연구할 대상으로 생각하지 않았다.

그런데 과학 기술의 급속한 진보에 의하여 로봇은 과학 기술로서 다룰 수 있는 연구 주제가 되었다.

로봇 선언은 마지막에 이렇게 말하고 있다.

"로봇과 인류의 평화 공존 만세."

로봇과 인간과 사이좋게 지내자는 것이다. 일부러 이러한 것은 선언하지 않으면 안 되는 이유는 무엇일까.

인간이 로봇과 함께 생활하고 일을 하는 사회에서는 틀림없이 인간과 로봇이 어떻게 하면 사이좋게 될 수 있는가 하는 것이 중요한 사회 문제가 될 것이 틀림없기 때문이다.

예를 들어, 공장에서 일하고 있는 로봇 문제를 한 번 더 생각해 보자. 자동차 공장이나 기계 공장 등에서 활약하고 있지만, 공장에서 근로자들이 없이 로봇의 힘만으로 모든 일을 할 수 없다.

● 로봇의 진출

그러나 장래에는 어떻게 될 것인가. 로봇이 개량되고 진보되면, 공장은 틀림없이 무인 공장이 될 것이다. 단추를 누르기만 하면 로봇은 작업을 완수하게 된다. 그렇게 되면 공장에 필요한 것은 중앙 제어실에서 컴퓨터에 의하여 지시를 부여하거나 감독을 하는 소수의 고급 기술자뿐이다.

로봇은 기계이기 때문에 고장이 날 수도 있다. 고장을 수리하고 새로운 형의 로봇을 설계하고 제조하는 데 있어 로봇 기술자는 필요한 것이다.

물론 로봇이 진출하는 직장은 물건을 생산하고 공장뿐만 아니라 인간을 대신하여 여러 가지 작업을 하는 직장에도 진출할 가능성이 있다는 것은 이미 앞에서 밝혔다.

이러한 로봇이나 자동 인간은 아직은 대단한 두뇌를 갖지 않은 '무뇌아'로서 인간의 명령에 따라 움직이고 있지만, 머지않아 로봇 자신의 두뇌를 달게 되면 인간의 지시를 필요로 하지 않게 될 것이다

최근 제작된 로봇에는 인간형 손발을 가지고 텔레비전 카메라의 눈, 인공의 귀·입, 거기에 촉각, 관절 감각 등을 갖추고 있으며, 2~3세짜리 어린이 정도의 능력을 가진 로봇이 만들어졌다.

예를 들면, 방에 있는 물건을 찾으라고 말로 명령하면 실내를

돌아보고 찾아내서 말로 대답하고, 두 발로 걸어가서 손으로 집어 가지고 온다. 이 로봇은 현대 기술의 정수를 집대성 한 것이라고 할 수 있다. 그러나 아직도 이상적인 것에는 이르지 못했다.

완전 자동 세탁기와 같은 간단한 것은 이미 나와 있지만, 방 안을 돌아다니는 완전 자동 청소기나 어린애 돌보기와 같은 로봇도 만들어질 날이 곧 오리라 확신한다.

이렇게 이상적인 로봇이 실현되기 위해서는 많은 연구와 노력이 필요하다.

왜냐하면 우리 인간의 뇌의 기능이나 구조가 아직 생리학적으로 완전히 해명되어 있지 않고, 한편 뇌의 대용으로 사용되고 있는 컴퓨터가 원리적으로 사람의 뇌와 다르기 때문이다.

아무튼 미래 기술로서의 로봇은 인간과 조화를 이루면서 공생의 길을 갈 것이 틀림없다.

《부록1》

인터넷 세상

인터넷이란 무엇인가

● 인터넷은 거미줄?

인터넷은 이제 생활의 일부가 되었다.

TV나 여러 대중 매체를 통해 '인터넷'이란 단어가 무척이나 익숙하다. 요즘 인터넷을 모르면 대화가 안 될 정도이다. 그러면 도대체 인터넷이란 무엇인가?

인터넷의 어원은 인터내셔널의 인터(inter)와 네트워크(network)의 합성어로 전세계의 네트워크들이 연결되어 있는 것이다.

다시 말해, 인터넷은 거미줄처럼 복잡하게 얽힌 사람들의 정보 교류를 도와주는 매개체로서 계속해서 성장하고 살아 숨쉬는 공간을 말한다. 인터넷을 좀더 쉽게 이해하려면 항상 사용하는 전화를 생각하면 된다.

전화국과 전화선을 통해 연결된 전화로 다른 사람과 통화를 할 수 있는 것처럼, 인터넷도 컴퓨터와 컴퓨터가 연결되어 있는 구조라고 생각하면 된다.

● 인터넷은 정보의 바다

인터넷을 흔히 정보의 바다라고 말한다.

사내 컴퓨터는 단지 회사 컴퓨터끼리만 정보를 공유할 수 있지만, 인터넷은 전세계의 컴퓨터와 연결되어 있으므로 상상할 수 없을 만큼 방대한 정보를 얻을 수 있는 것이다.

🔸 인터넷을 통해 수많은 정보와 자료를 얻을 수 있다.

　내 방에 앉아 미국 하버드 대학의 도서관에서 논문 자료를 꺼내오거나 지구 반대편 브라질에 있는 친구에게 불과 몇초만에 편지를 보낼 수 있는 등 인터넷은 전세계를 하나로 묶는 마법사 같은 역할을 한다. 머지않아 전 우주의 컴퓨터가 연결되서 우주넷이 생길지도 모른다.

● **인터넷의 역사**

　인터넷의 역사는 아주 짧지만, 그 변화의 속도와 크기는 눈부실 정보로 대단하다.
　인터넷의 출발은 1969년 미국 국방성에서 아르파넷

(ARPANET)이란 이름을 가지고 태어났다.

이 때는 세계적으로 냉전시대였기 때문에 군사 정보에 대한 네트워크 구축 차원에서 필요했었다.

1986년, 미국 과학 재단이 주도하는 대학과 연구소간의 네트워크망인 'NSFNET' 와 연결된다.

이때부터 여러 네트워크가 본격적으로 묶여지기 시작했다.

1992년에는 인터넷을 일반인도 쉽게 이용하게 도와주는 WWW(World Wide Web)이 등장한다.

1999년, 인터넷으로 신문 보고, 주식 시세를 알아볼 수 있게 되었다. 은행에 가지 않고도 모든 공과금을 낼 수 있고, 미국에 있는 친구에게 5초 만에 안부 편지를 보낼 수 있다.

2000년, 인터넷으로 모든 것을 할 수 있다. 여행, 금융, 쇼핑, 레저 등 모두 내 방에서 해결할 수 있게 되었다.

● 인터넷의 사용 현황과 전망

인터넷의 이용자 수는 전세계적으로 증가 추세에 있다.

우리 나라의 경우 1996년에는 100만 명을 넘기지 못했으나 1998년에 접어 들면서 인터넷 인구는 가히 폭발적으로 증가하고 있다. 2000년에는 전 인구의 5분의 1 정도가 인터넷을 이용하였다.

그러나 이러한 숫자는 예측되는 수치에 불과한 것이고, 인터넷 사용자의 증가는 우리 나라의 교육 수준 등을 감안해 볼 때 더욱더 가속화될 것으로 예상된다.

인터넷 서비스의 몇 가지

● 전자 우편(E-mail)

컴퓨터 통신을 해 보았다면 통신에서 다른 사람에게 편지를 써 봤을 것이다.

마찬가지로, 인터넷으로도 다른 사람에게 편지를 쓸 수 있다. 인터넷이란 것은 전세계적이기 때문에 이 세상 누구라도 인터넷을 쓰는 사람이라면 편지를 보낼 수 있다는 뜻이 된다.

컴퓨터로 편지를 써서 전자 우편으로 보내면 세계 어느 곳에서라도 편지를 받아볼 수 있다.

● 유즈넷 뉴스(Usenet News)

유즈넷(Usenet)은 인터넷에 존재하는 뉴스 그룹들을 통틀어 가리키는 것으로 인터넷 사용자들이 작성한 하나, 또는 여러 개의 기사들을 교환하는 기계들의 집합체이다.

유즈넷은 다른 사용자들이 작성한 대량의 뉴스 기사들이 흘러가는 큰 강물에 비유할 수 있다. 단지 인터넷 사용자들이 자신이 작성하는 글을 특정 그룹에 제공할 수 있도록 기사들의 종류에 따라 구분할 수 있는 그룹만을 지정할 수 있다.

● 텔넷(Telnet)

인터넷에 연결되어 있는 다른 컴퓨터에 접속하는 일을 '텔넷'

이라 한다. 하이텔이나 천리안 같은 통신회사의 컴퓨터 역시 인터넷에 연결되어 있다.

만약 외국에서 이런 한국의 통신 서비스를 이용하고자 한다면 국제전화를 걸어 연결하는 것이 아니라 그곳에서 인터넷에 들어간 후 텔넷을 이용해 접속하면 된다.

● 에프 티 피(ftp)

ftp라고 해서 각종 파일들을 저장해 놓고 인터넷 사용자라면 누구나 가져가도록 하는 곳이 있다. 이런 ftp 서비스를 제공하는 장소(보통 site라고 한다)는 무수히 많고, 파일의 종류도 다양하다.

● 웹(WWW)

컴퓨터가 거미줄같이 연결되어 있다고 해서 붙여진 World Wide Web은 인터넷의 꽃이다. 사실 우리가 요즘 인터넷이라고 말할 때는 웹 서비스를 이야기하는 것일 때가 많고, 여기에서 말하는 인터넷 역시 웹을 말한다.

웹을 이용하는 것을 정보의 바다에서 파도타기를 하는 것에 비유해 '웹 서핑(Web Surfing)'이라고도 한다.

《부록2》

인터넷 사용하기

컴맹이라 인터넷이 두렵다?

● 컴퓨터를 몰라도 인터넷은 할 수 있다

컴퓨터를 잘 못하는데 인터넷을 어떻게 해?

컴맹인 사람은 대부분 이렇게 생각을 할 것이다. 하지만 결론부터 말하면 '전혀 아니다'이다.

인터넷은 컴퓨터를 잘 다루지 못해도 얼마든지 할 수 있다.

자전거를 탈 줄 모른다고 자동차 운전을 할 수 없는 것은 아니다.

🔸 인터넷 이용을 도와주는 인터넷 서빙회사의 업무 광경

컴퓨터를 잘 다룬다면 그만큼 수월하게 인터넷을 즐길 수 있는 것은 사실이지만 컴맹이라고 인터넷을 두려워 할 필요는 전혀 없다.

인터넷을 정복하고 나면 오히려 컴맹탈출은 식은 죽 먹기이다. 인터넷을 하다 보면 자연스럽게 마우스 버튼의 쓰임새에 대해 알게 되고, 그것이 운영체제인 윈도즈에서 아주 중요하다는 것을 알게 되어 컴퓨터 실력이 저절로 올라가기 때문이다.

왜 게임밖에 모르는 어린 아이들이 더 빨리 컴퓨터에 익숙해질까? 재미있기 때문이다.

아마도 아이들에게 두꺼운 컴퓨터 서적을 넘겨가며 전산학이나 프로그래밍 등에 대한 것을 가르친다면 컴퓨터를 배울 아이는 거의 없을 것이다.

● 인터넷의 연결

인터넷은 여러 종류의 네트워크간 연결망이기 때문에 다양한 형식의 연결 방식을 취하고 있다. 일반적인 인터넷 연결 방식은 56Kbps 전용선, 또는 1.544Mbps의 통신 속도를 제공하는 T1 링크 연결망을 이용하는 것이다. 그밖에 45Mbps의 통신 속도를 제공하는 T3 링크 연결망도 사용된다.

또한 집에 있는 컴퓨터를 인터넷에 연결하기 위해 모뎀을 이용하기도 한다. 모뎀을 통한 연결은 현재 최대 33.8Kbps의 속도를 지원한다. 모뎀과 별도로 인터넷을 본격적으로 이용하려면 인터넷 연결 서비스를 제공하는 통신 서비스 업체를 통해 인터넷을 사용해야 한다.

● 인터넷 주소

인터넷에는 전세계에 걸쳐 수천만 대의 무척 많은 컴퓨터들이 연결돼 있기 때문에 각각의 컴퓨터들을 구분할 수 있는 방법이 있어야 한다. 이 때문에 인터넷에 연결된 컴퓨터들은 저마다 자신의 주소를 가지고 있다.

인터넷 주소는 전세계적으로 하나의 컴퓨터만 가진다. 즉 인터넷에 연결된 컴퓨터들은 각각 독특한 이름을 가진 셈이다.

만약 저마다 자신의 컴퓨터에 자신 마음대로 인터넷 주소를 부여한다면 엄청난 혼란이 올 수 있기 때문에 인터넷 주소의 경우 네트워크 정보 센터(Network Information Center)에서 관리한다.

● 인터넷 접속

인터넷 접속 방식은 크게 두 가지로 나뉜다. 인터넷에 접속했을 경우 월드 와이드 웹을 사용할 수 없는 유닉스 셸 접속 방법과 월드 와이드 웹을 사용할 수 있는 SLIP/PPP 접속 방법이 그것이다.

유닉스 셸 접속 서비스는 유닉스를 운영체제로 사용하는 컴퓨터에 자신만의 일정한 공간을 할당받아 사용하는 것이다. 정해진 용량(5~20MB)만큼의 하드디스크를 사용할 수 있고, 유닉스 운영체제의 모든 명령어들을 이용하여 인터넷을 사용할 수 있다.

SLIP/PPP 접속 서비스는 자신의 PC를 인터넷에 직접 연결된 것과 같은 환경을 만들어주는 서비스로 TCP/IP 규약을 지원해주는 프로그램을 이용하여 접속한다.

● **인터넷으로 할 수 있는 일**

　인터넷을 이용한다면 멀리 떨어져 있는 다른 컴퓨터(호스트)에서도 여러 가지 작업을 할 수 있다. 그러나 어떤 컴퓨터에서 작업을 한다면 우선 해당 컴퓨터에 정식 사용자로 등록돼 있어야 한다.

　인터넷에서는 비록 다른 컴퓨터에 정식 사용자로 등록되지 않아도 공개된 정보나 자료들을 이용할 수 있다. 다른 컴퓨터들이 제공하는 공개된 정보나 자료들을 이용할 수 있다. 다른 컴퓨터들이 제공하는 공개된 정보나 자료들은 월드 와이드 웹 서비스나 FTP, 텔넷 등을 이용하여 얻을 수 있다. 또한 인터넷이 제공하는 전자편지(email)를 이용하여 전세계에 있는 다른 사용자들에게 편지를 보내거나 다른 사용자들이 보낸 편지를 받을 수 있다.

　결국 인터넷이 아무리 수많은 정보와 자료를 제공해준다고 하더라도 정작 특정 자료의 사용에 대한 필요성을 느끼지 못한다면 그림의 떡일 뿐이다. 그렇기 때문에 인터넷을 통해 무엇을 할 것인가를 분명히 파악하고 있다면 인터넷을 매우 유익한 자료의 창고로 사용할 수 있다.

　현재 인터넷을 통해 미국으로 유학간 친구에게 편지를 보낼 수 있으며, 안방에서 미국 MIT 대학의 도서관에 들어가 필요한 내용을 찾을 수 있으며, 게임에 관심이 많은 사용자는 게임 제작사의 컴퓨터에 들어가 현재 개발중인 게임을 미리 볼 수 있다.

인터넷으로 무엇이든 할 수 있다

● 박찬호 선수의 경기를 인터넷으로 본다

TV방송을 볼 수 있는 경로는 TV뿐이라고 생각했던 적이 있다. 하지만 이제 아니다.

인터넷에서 TV방송을 볼 수 있다. 외국 방송도 볼 수 있다.

그리고 한 번 지난 방송을 다시 보려면 재방송할 시간에 맞춰 보든가 녹화를 해서 봐야 했었지만 인터넷에서는 언제든지 몇 번이고 시청할 수 있다.

● 아침마다 전세계의 신문이 내 방으로 배달된다

이른 새벽 자전거를 타고 신문을 배달해 주는 사람이 자기 집 마당에 던져 놓고 간 신문을 보면서 대부분의 사람들이 하루를 시작했다.

이제는 점차 그 모습이 달라지고 있다.

인터넷을 통해 내 컴퓨터로 신문이 배달되고 있기 때문이다. 그것도 여러 종류의 신문들을 매일 볼 수 있다.

인터넷만 연결할 수 있다면 국내뿐만 아니라 전세계의 신문을 볼 수 있게 된 것이다.

인터넷은 우리들의 일상에 깊숙하게 자리잡고 있는 것이다.

인터넷에서는 어느 나라 잡지도 기다리지 않고 볼 수 있다.

● 기차표를 예매할 수 있다

 기차를 타고 여행을 가거나 고향으로 내려갈 때 일일이 기차역에 가서 표를 예매할 필요는 없다.
 특히, 명절에는 기차역에서 밤을 새는 사람들이 허다하다.
 이제는 인터넷에서 차표를 예매하는 것은 물론, 출발 시간이나 다른 정보들도 알 수 있다.
 비행기표도 영화표도 마찬가지이다.

● 학교에 가지 않고
　수업을 들을 수 있다

 학기가 시작될 무렵이면 며칠 동안 학교에 직접 가서 수강 신청을 한다. 그리고 졸업 후에도 각종 증명서를 발급받기

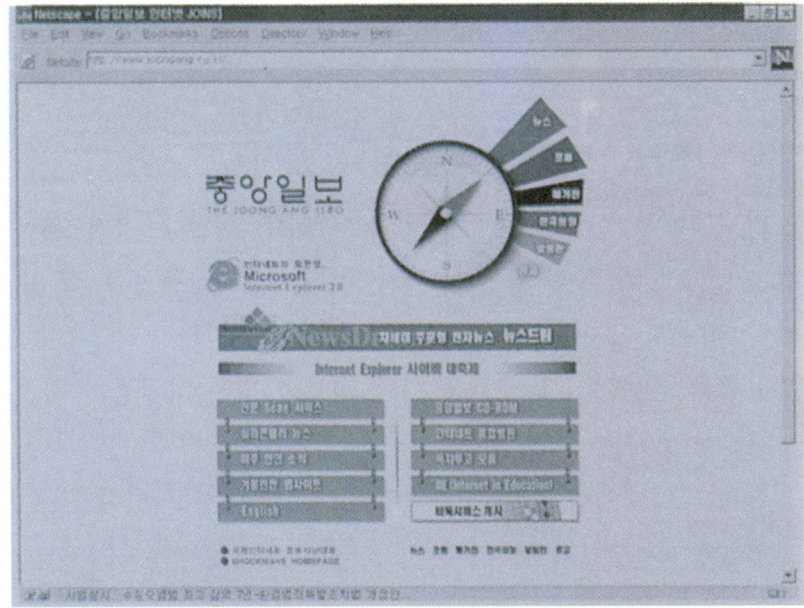
🔸 신문사의 인터넷 홈페이지

위해 학교에 가야 했었다.

　이제는 바로 인터넷 사이트에서 해결할 수 있다.

　또한 강의까지도 인터넷을 통해 들을 수 있는 사이버 대학도 등장했다.

　구청이나 동사무소도 인터넷으로 민원을 처리하고 있다.

● 유명 스타를 만날 수 있다

　인터넷에는 유명 연예인들의 홈페이지가 있다.

　언제라도 그 안에서 그들을 만날 수 있게 된 것이다. 사진을 구할 수 있고, 활약상도 볼 수 있고, 의견을 올릴 수도 있다. 인터넷이 있으면 그들과 쉽게 가까워 질 수 있다.

　요즘은 개인 홈페이지도 많이 등장했다.

　내 홈페이지도 만들고, 또 친구들의 홈페이지를 이용해서 친구들과 만날 수도 있다.

● 인터넷 서점에서 책을 살 수 있다

　인터넷에서 상품을 살 수 있다. 인터넷 서점에 가면 책을 살 수 있고, 인터넷 상점에 가면 여러 가지 상품들을 살 수 있다. 외국에 있는 상점에서도 상품을 살 수 있다.

　상품을 살 때는 그 상품에 대한 정보와 다른 사람들의 의견도 알 수 있다는 것이 좋은 점이다.

　현재 인터넷에선 다양한 유통거래가 이루어지고 있다.

인터넷을 할 때 필요한 장비는 무엇일까

● 인터넷에 접속하기 위해 필요한 것들

◆컴퓨터◆

인터넷을 이용하려면 무엇보다 필요한 것이 컴퓨터일 것이다.

컴퓨터는 윈도 95가 설치되어 있는 IBM PC를 기준으로 한다. 486급 컴퓨터나 매킨토시, 윈도 95가 설치되어 있지 않은 컴퓨터에서는 인터넷을 사용할 수 있긴 하지만 일반적으로 가장 많이 사용하는 컴퓨터를 대상으로 한 것이다.

◆모뎀◆

대부분의 개인 사용자의 경우엔 전화선을 통해 인터넷에 접속한다. 그런데 컴퓨터로 전화를 걸려면 모뎀이란 것이 필요하다.

그러므로 인터넷을 하려면 모뎀부터 구입해야 한다.

모뎀에는 컴퓨터 본체 안에 있는 내장형 모뎀과 컴퓨터 밖에 있는 외장형 모뎀이 있다. 모뎀을 주로 속도에 의해서 성능이 차별화되는데, 28.8kbps 이상의 속도를 내는 모뎀이 인터넷을 사용하는 데 적당하다.

◆프로그램—웹 브라우저 (Web Browser)◆

인터넷 서비스에는 여러 종류가 있다.

텔넷, 고퍼, 월드 와이드 웹 등……

요즘에는 월드 와이드 웹이 거의 인터넷과 같은 의미로 사용되고 있다.

텔넷과 같이 글자만 나오는 재미없는 서비스보다는 월드 와이드 웹처럼 그림과 영상, 소리를 접할 수 있는 만능 탤런트가 인기를 끄는 것은 당연한 것이다.

이 월드 와이드 웹을 이용하려면 웹 브라우저란 것이 있어야 한다. 가장 많이 사용하는 웹 브라우저로는 넷스케이프사의 커뮤니케이터(보통 줄여서 '넷스케이프')와 마이크로소프트사의 인터넷 익스플로러(보통 줄여서 익스플로러)가 있다.

◆그 밖에 양방향 사운드 카드, 스피커...◆

인터넷은 컴퓨터와 모뎀, 웹 브라우저만 있으면 사용할 수 있다.

하지만 인터넷으로 음악을 듣고, 전화를 하는 등 보다 신나고 재미있는 서비스를 이용하려면 사운드 카드, 스피커, 마이크, 멀티캠이 있어야 한다.

● 모뎀을 설정하자

컴퓨터는 사람의 말을 알아 듣지 못한다. 우리가 아무리 고함을 질러봐도 소용없다.

컴퓨터는 단지 0과 1로 구성된 기계어만 인식한다.

따라서 우리가 '아야 어여'라고 글을 입력하면 컴퓨터가 알아챌 수 있는 기계어로 변환시켜 준다.

PC통신이나 인터넷의 정보는 주로 전화선을 통해 주고받는다.

그런데 전화선을 통해 들어오는 정보도 컴퓨터가 알아챌 수 없는 아날로그화되어 있다. 때문에 그것이 컴퓨터에 들어와도 무용지물일 수밖에 없다.

모뎀은 아날로그 데이터를 컴퓨터가 알아채는 디지털 정보로 바꿔주는 역할을 한다.

그러므로 모뎀 없는 PC통신이나 인터넷은 꿈꿀 수가 없다.

● 어떤 모뎀이 있을까?

모뎀은 크게 컴퓨터 안에 꽂는 내장형과 바깥에 놓고 쓰는 외장형이 있다.

용도만 다를 뿐 성능 차이는 거의 없다.

내장형은 케이스를 열고 메인보드에 직접 꽂아야 하므로 조금 번거롭지만, 가격이 싸다는 장점이 있다.

예전에 모뎀이 귀할 때는 몇십만 원 했지만, 요즘은 가장 성능이 좋은 56,000bps 모뎀이 5만원이면 살 수 있다.

외장형은 직접 달 필요가 없고, 까다로운 하드웨어 설정을 할 필요가 없어 쓰기 편하지만, 가격이 내장형의 2배 이상이다. 요즘은 내장형도 꽂기만 하면 윈도즈 98이 알아서 모뎀을 인식해서 슬롯이 모자라는 등과 같은 특별한 때가 아니면 외장형을 고를 필요는 없다.

● 모뎀 속도는 빠를수록 좋다

모뎀 속도는 bps(bit per second)로 표시한다.

즉, 1초에 몇 비트의 데이터를 보낼 수 있는가를 말한다.

33,600bps니, 56,000bps 모뎀이니 하는 말은 바로 속도 차이에 따른 것이다.

모뎀 속도는 왜 빨라야 할까?

속도가 느리면 인터넷을 쓸 때 답답하다.

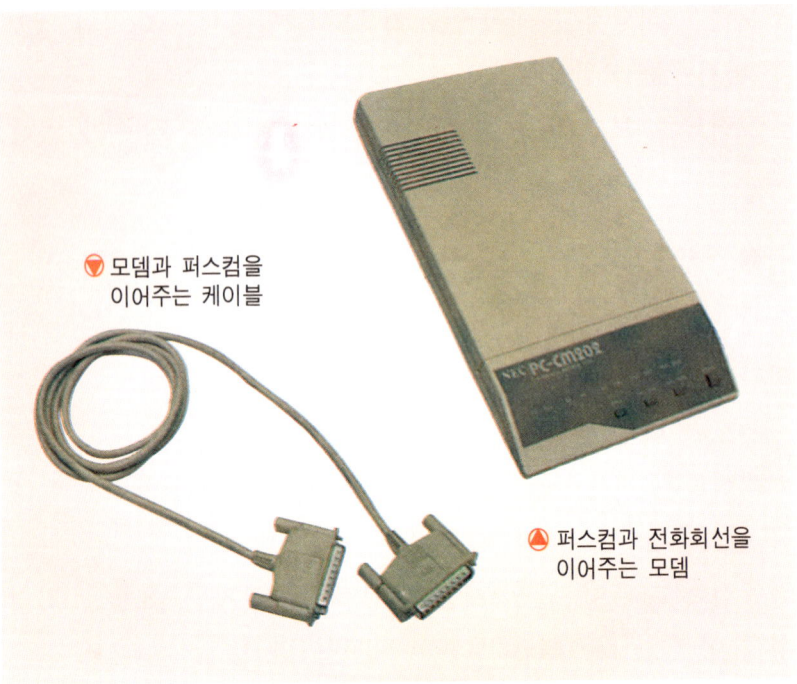

▼ 모뎀과 퍼스컴을
이어주는 케이블

▲ 퍼스컴과 전화회선을
이어주는 모뎀

　　인터넷은 여러가지 그림 데이터가 많은데, 느린 모뎀으로 데이터를 받다 보면 짜증부터 난다.
　　가만히 생각해 보면 전화비를 크게 줄일 수 있다.
　　예를 들어, 100,000bit짜리 데이터를 받는다고 생각해 보자.
　　56,000bps 모뎀을 이용하면 채 2초도 안들지만, 33,000bps 모뎀을 2배 이상 시간이 걸린다.
　　이처럼 쓰면 쓸수록 전화비 차이는 점점 늘어난다.
　　당연히 모뎀은 빠른 것을 선택하는 것이 좋다. 56,000bps 모뎀은 33,600bps보다 2만원 정도 비싸지만, 장기적으로 보면 오히려 싼 편이다.

모뎀보다 엄청나게 빠른 전용선을 달자

● 초고속 인터넷은 전화선이 필요없다

지금까지 우리는 통신을 하기 위해 모뎀과 전화선을 이용해 왔다. 모뎀은 일반 전화선을 이용하므로 번거롭지 않고 56,000bps짜리가 5만원 정도면 살 수 있어 가장 많이 이용되고 있다.

하지만, PC통신 환경이 인터넷으로 옮겨가면서 그래픽 위주의 서비스가 주를 이루는 인터넷에선 모뎀은 아무래도 버거운 느낌이다.

지금 가장 빠른 56,000bps 모뎀을 이용해도 홈페이지에 그림이 좀 많다 싶으면 헤매기 일쑤이다.

그래서 요즘 인기를 끌고 있는 것이 바로 전용선을 이용하는 초고속 인터넷 서비스들이다.

우리가 흔히 주위에서 볼 수 있는 케이블TV를 설치할 때 보면 굵직한 선을 바깥에서 끌어와 꽂지 않던가? 그게 바로 전용선이다. 전용선을 이용하면 전화를 마음대로 쓸 수 있다.

통신 중에는 전화를 쓸 수 없는 모뎀과 달리 인터넷을 즐기면서 전화를 쓸 수 있다.

어떤 전용선을 쓰느냐에 따라 조금 차이가 나겠지만 속도는 엄청 빨라진다.

요즘은 정액제 등을 이용하면 아주 저렴하게 인터넷을 즐길 수 있다.

● 전용선은 어떤 것이 있을까?

◆ISDN◆

ISDN(Intergrated Service Digital Network)은 이미 96년부터 모뎀의 한계를 뛰어넘는 전용선으로 인기를 끌어 왔다.

당시는 14,400bps짜리 모뎀이 주를 이루었을 때도 10배 이상 빠른 속도를 낼 수 있는 ISDN에 당연히 사람들의 관심이 쏠렸다.

일반 전화선이 아날로그 신호를 쓰는 반면 ISDN은 디지털 신호를 이용하기 때문에 일반 모뎀보다 속도가 빠르고 안정성이 높다.

또한 64,000bps짜리 두 개를 써서 전화를 하면서 인터넷을 즐길 수 있다.

다만 이때는 한쪽 라인만 쓰게 되므로 속도는 64,000bps밖에 나지 않는다. 그러나 두 전용선을 모두 써서 파일을 내려받을 때는 128,000bps의 빠른 속도를 보장한다.

ISDN을 까는 데는 약간의 제약이 따른다.

우선, 전화국과 5킬로미터 내에 있어야 설치할 수 있다. 그러므로 ISDN을 깔 때는 반드시 전화국에 문의를 해봐야 한다.

ISDN 서비스 신청은 한국통신이나 하나로 통신 등을 이용하면 된다.

◆ADSL◆

ADSL(Asynnetric Digital Sub Line)은 '비대칭 디지털 회선'을 의미한다.

일반 이용자들의 통신하는 목적이 주로 파일을 내려받기 위함에 있다는 데 착안해 내려받기 속도를 올리기 속도보다 훨씬 빠르게 만든 것이다.

그래서 비대칭이라는 말을 쓴다.

ADSL은 지금 쓰고 있는 전화선을 그대로 이용한다.

그런데 일반 모뎀보다 훨씬 빠르다. 이것은 일반 전화선보다 높은 주파수 대역을 이용해 디지털 신호를 그대로 받아 냄으로써 가능하다.

즉 ADSL은 전화선의 주파수 대역을 이용해 고속으로 자료를 전송하는 방식이다.

단점이 있다면 아파트에 살고 있지 않으면 ADSL은 이용할 수가 없다. 또 거주 지역의 한계가 있다.

현재 서비스를 이용할 수 있는 지역은 서울, 인천, 부산, 울산 등이다.

◈케이블 모뎀◈

케이블 모뎀은 우리가 잘 알고 있는 케이블 TV의 선로를 이용한다. 케이블 TV방은 방송 신호 외에 다른 신호를 보낼 수 있는 주파수 공간이 넉넉하다.

바로 이 공간으로 데이터를 주고받는 것이다.

이론상으로는 56,000bps의 600배 빠른 30Mbps의 속도를 낼 수 있다.

케이블 모뎀은 전용 모뎀이 필요하다.

이것은 조금 크기 때문에 PC 내부에 달 수 없어 랜 카드를 이용해 달고 나면 항상 인터넷에 연결되어 있는 상태가 된다.

그러므로 전화를 걸 필요없이 그냥 웹 브라우저를 띄우고 인터넷을 즐기면 된다.

또 정액제이기 때문에 마음껏 인터넷을 즐길 수 있다. 게다가 케이블 모뎀은 현재 가장 빠른 서비스를 동영상이나 음악 등 멀티미디어 데이터도 실시간으로 즐길 수 있다.

하지만 가입자가 많아질수록 회선상태가 나빠지고 느려지는 단점이 있다.

◆초고속 위성 인터넷◆

위성 인터넷은 삼성 SDS와 한국통신이 실시하고 있는 서비스로 위성 안테나로 데이터를 받아오는 방식이다. 그러나 데이터를 보낼 때는 모뎀을 써야 한다.

즉, 받을 때만 인공 위성을 이용하고, 보낼 때는 일반 모뎀을 쓰기 때문에 속도 차이가 크다.

이 위성 서비스는 쓰는 사람이 얼마 되지 않기 때문에 빠른 속도를 보장하지만 한 가지 단점이라면 위성의 특성상 날씨 영향을 많이 받는다.

위성 서비스의 가장 큰 장점이라면 지역 제한이 없다는 것인데 때문에 산간 지역 등 유선 설치가 쉽지 않은 곳에서 유용하게 쓸 수 있다.

인터넷 정보 사냥

● 빠르고 편리하게 인터넷을 검색하는 방법

여러분이 만일 내일 첫 데이트를 하는데 상대가 힙합에 대해 일가견이 있는 음악 마니아이다.

상대의 마음을 사로잡기 위해 힙합에 관한 정보를 구하고 싶다고 가정해 보자.

어떻게 구하겠는가?

1. 서점에 가서 힙합에 관한 책을 모두 사서 읽는다
2. PC통신 힙합 동호회에 가입해서 정보 제공자에게 상품을 주겠다고 한다.
3. TV교육 방송에서 힙합 강의가 있을 때까지 무작정 기다린다.
4. 차 한잔 마시며 인터넷에 접속하여 느긋하게 정보를 찾아본다.

위 4가지 중 어느 것이 가장 빠르겠는가?

당연히 4번을 선택할 것이다.

다른 방법에 비해 시간, 돈, 기타 등등의 소비를 억제할 수 있다는 것을 누구나 다 알 수 있다.

그렇기 때문에 우리는 인터넷을 사용하고 있고, 또 인터넷을 배우려고 하는 것이다.

물론 필요한 것을 빠르고 정확하게 찾아낼 수 있는 경지에 이르기 전까지는 많은 시간과 노력이 필요한 것은 당연하다.

우선 필요한 정보를 검색하기 위해 몇 가지 필수 요건들을 설명하겠다.

● 검색 엔진을 선택한다

바닷가에 가면 무수히 많은 모래알이 있다.

만약 이곳에 몇 개의 보석이 떨어져 있다면 여러분은 어떻게 찾을까?

일일이 손으로 헤집으면서 찾을 수는 없다.

바로 금속 탐지기를 이용하면 될 것이다.

그것을 이용하면 쉽게 보석을 찾을 수 있기 때문이다.

마찬가지로 인터넷에 널려 있는 무수히 많은 정보들을 찾기 위해서는 정보를 찾아 줄 수 있는 도구가 필요하다. 이런 것을 '검색 엔진'이라 한다.

현재 인터넷에 등록된 검색 엔진의 수는 500개가 넘는다. 검색 엔진은 웹 페이지를 종류별로 나누어 정보를 찾아가는 '메뉴 검색 엔진'과 이용자가 입력한 키워드에 들어 있는 사이트를 보여 주는 '키워드 검색 엔진', 두 가지로 나뉜다.

◆메뉴 검색 엔진◆

웹 사이트를 주제별로 묶어 놓은 검색 엔진이다. 이용자는 주제를 따라가면서 정보를 찾는다.

예를 들어, 영화 배우 '레오나르도 디카프리오'를 찾으려면 '영화' → '영화배우' → '레오나르도 디카프리오'를 차례로 추적한다. 메뉴 검색 엔진은 찾는 정보의 정체를 정확히 알고 있지 않을 때 이용한다.

가장 대표적인 것이 'YAHOO!'이다.

◆키워드 검색 엔진◆

입력한 단어가 들어 있는 웹 페이지를 찾아가는 검색엔진이다. 찾는 정보의 내용을 정확하게 알고 있을 때 이용한다.

대표적인 키워드 검색 엔진은 '알타비스타'이다.

● 정보 검색의 테크닉

◆먼저 검색 엔진을 선택해야 한다

→특정한 정보를 체계적으로 분류해 놓고 또 이를 손쉽게 찾을 수 있도록 도와주는 것이 검색 엔진이다.

현재 인터넷에는 약 250여 개의 검색 엔진이 서비스되고 있다.

◆검색 엔진을 활용하는 기법을 습득해라

→검색 엔진을 사용할 때 하나 더 생각해야 할 것이 있다. 바로 검색 엔진을 활용하는 기술이다. 검색을 위해 선택한 엔진이 어떤 정보를 검색할 수 있는지는 물론이고, 그 검색 엔진에서 사용할 수 있는 옵션, 연산자, 특수문자, 검색 결과가 출력되는 형태 등에 대한 이해가 필수적으로 요구된다.

◆검색 엔진의 사용법과 기능을 마스터하라

→이것은 인터넷에서 정보를 찾는 게 가장 중요하다. 검색 엔진에서 사용할 수 있는 연산자, 검색 조건, 출력 조건 등을 정확히 파악하고 있어야 제대로 된 검색을 할 수 있음은 아무리 강조해도 지나치지 않다.

◆평소에 인터넷을 많이 사용하라

→평소에 인터넷을 많이 사용하다 보면, 전문적인 검색 엔진과 정보가 있는 곳을 미리 확보해 둘 수 있다.

만약 정말 필요한 정보를 빠른 시간 내에 검색할 일이 생겼을 때 평소에 확보해 둔 디딤돌이 있다면 정보 검색을 한결 쉽고 빠르게 할 수 있다.

◆정곡을 찌르는 키워드를 찾아라

→예를 들어, 얼마 전 타개한 테레사 수녀의 세계 평화에 기여한 구체적 사실에 대한 정보를 찾으려 할 때 단지 '테레사'라는 키워드를 검색하면 검색 엔진은 '테레사'라는 단어가 포함된 수많은 사이트들을 모조리 검색하므로 찾고자 하는 정보를 검색하는 데 고생을 하게 된다.

이럴 때 '테레사'라는 키워드 하나만을 사용하지 않고 인물, 평화 등 다양한 키워드를 조합해 사용하면 훨씬 효율적인 정보 검색을 할 수 있다.

인지생략
판권본사소유

신기한 로봇의 세계

2002년 12월 5일 2판 1쇄 발행
2008년 5월 15일 2판 6쇄 발행

엮은이
학생과학문고편찬회

펴낸이
조 병 철

펴낸곳
한국독서지도회

경기도 고양시 일산동구 장항동 580
TEL (031)908-8520 · FAX (031)908-8595
출판등록:1997년 4월 11일 (제 406-2003-016호)

* 잘못된 책은 바꿔 드립니다. 값 6,000원
  ISBN 89-7788-206-0